シンポジウム
ポピュリズム政治にどう向き合うか
―メディアの在り方を考える―

公益財団法人 新聞通信調査会 編

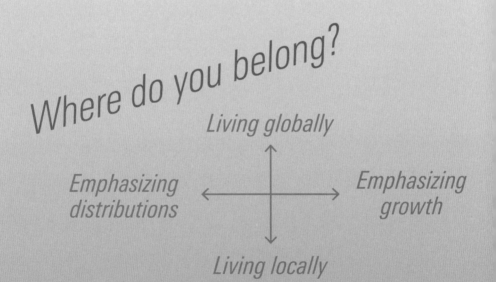

公益財団法人 新聞通信調査会 シンポジウム
ポピュリズム政治にどう向き合うか
―― メディアの在り方を考える ――

水島治郎・千葉大学法政経学部教授による基調講演の模様＝2017年11月29日、プレスセンター

パネルディスカッションの模様。（左から）松本真由美、津田大介、三浦瑠麗、芹川洋一、山田惠資の各氏

第1部

基調講演

「中抜き」時代のデモクラシー
ポピュリズムの映し出す21世紀型社会

水島治郎
Mizushima Jiro

みずしま・じろう
千葉大学法政経学部教授

1967年東京都生まれ。東京大学教養学部卒。99年、東京大学大学院法学政治学研究科博士課程修了。博士（法学）。甲南大学法学部助教授などを経て、千葉大学法政経学部教授。専攻はヨーロッパ政治史、比較政治。著書に『反転する福祉国家—オランダモデルの光と影』（岩波書店12年、第15回損保ジャパン記念財団賞受賞）、『ポピュリズムとは何か—民主主義の敵か、改革の希望か』（中公新書16年、第38回石橋湛山賞受賞）など。

第2部 パネルディスカッション

ポピュリズム政治にどう向き合うか
―― メディアの在り方を考える ――

Panelist

三浦瑠麗
Miura Ruri

みうら・るり
国際政治学者

1980年神奈川県生まれ。東京大学卒、東大大学院法学政治学研究科総合法政専攻博士課程修了。東大政策ビジョン研究センター講師。青山学院大兼任講師。著書に『シビリアンの戦争』(岩波書店2012年)、『日本に絶望している人のための政治入門』(文春新書15年)、『「トランプ時代」の新世界秩序』(潮新書17年)など。共同通信社の第三者機関「報道と読者」委員会委員、読売新聞読書委員も務める。

Panelist

津田大介
Tsuda Daisuke

つだ・だいすけ
ジャーナリスト／メディア・アクティビスト
一般社団法人インターネットユーザー協会（MIAU）代表理事、ポリタス編集長、京都造形芸術大学客員教授

1973年生まれ。早稲田大学社会科学部卒。メディア、ジャーナリズム、IT・ネットサービス、コンテンツビジネス、著作権問題などを専門分野に執筆活動を行う。ソーシャルメディアを利用した新しいジャーナリズムをさまざまな形で実践。世界経済フォーラム（ダボス会議）「ヤング・グローバル・リーダーズ2013」選出。2011年9月より週刊有料メールマガジン「メディアの現場」を配信中。主な著書に『ウェブで政治を動かす!』（朝日新書12年）、『動員の革命』（中公新書ラクレ12年）、『Twitter社会論』（洋泉社新書09年）ほか。

芹川洋一
Serikawa Yoichi

せりかわ・よういち
日本経済新聞社 論説主幹

1950年熊本県生まれ。東京大学法学部卒業、同新聞研究所修了。76年日本経済新聞社入社。79年から政治部に所属し、次長、編集委員、政治部長。大阪本社編集局長、論説委員長等を経て16年から現職。著書は『憲法改革―21世紀日本の見取図』(日本経済新聞社2000年)、『メディアと政治』(共著、有斐閣07年)、『政治をみる眼 24の経験則』(日経プレミアシリーズ08年)、『日本政治 ひざ打ち問答』(共著、同14年)、『政治が危ない』(共著、日経出版社16年)、『政治を動かすメディア』(共著、東京大学出版会17年)など。

Panelist

山田惠資
Yamada Keisuke

やまだ・けいすけ
時事通信社 解説委員長

1958年生まれ、兵庫県出身。82年時事通信社入社、政治部、福岡支社、大阪支社を経て、91年政治部。97年ワシントン支局、2001年政治部。02年政治部次長兼編集委員。07年整理部長兼解説委員。08年政治部長。11年編集局総務兼解説委員。14年仙台支社長。16年から現職。

Coordinator

松本真由美
Matsumoto Mayumi

まつもと・まゆみ
東京大学教養学部客員准教授

熊本県出身。上智大学外国語学部卒業。大学在学中にテレビ朝日の報道番組のキャスターになったのをきっかけに、報道番組のキャスター、リポーター、ディレクターとして幅広く取材活動を行う。2008年より東京大学における研究、教育活動に携わる。東京大学での活動の一方、講演、シンポジウム、執筆など幅広く活動する。

基調講演を聴くパネリストら

パネルディスカッションを終え、あいさつをするパネリストたち

受け付けの模様

司会を務めたフリーアナウンサーの戸丸彰子氏

会場のプレスセンター

シンポジウム

ポピュリズム政治にどう向き合うか
―― メディアの在り方を考える ――

公益財団法人 新聞通信調査会

シンポジウム
「ポピュリズム政治にどう向き合うか
―メディアの在り方を考える―」

主催者あいさつ

公益財団法人 新聞通信調査会
理事長 西沢 豊

　皆さま、こんにちは。公益財団法人新聞通信調査会理事長の西沢でございます。今日は「ポピュリズム政治にどう向き合うか―メディアの在り方を考える―」と題してシンポジウムを企画しましたところ、会場には学生から現役のジャーナリスト、そしてOBの方々、さらにはアカデミズムなど、実に幅広い分野からたくさんのご出席をいただきました。誠にありがとうございます。

今年の年初を思い出しますと、一つはトランプ米大統領のアメリカの行方、もう一つは北朝鮮の核ミサイル問題が大きな焦点でしたが、実はヨーロッパの行方も大きな焦点ではないかと指摘する識者が少なからずおられました。それはフランス大統領選、そしてオランダなどの国政選挙で、いわゆる「極右」やポピュリズム政党がどのくらい力を増すのか。そして、それが欧州連合（EU）の行方にどんな影響を与えるか、という懸念でした。

　歴史を振り返りますと、「統合という営為は理性、分裂は感情に支配される」。こうおっしゃった官僚OBの方がおられます。これは昨年、英国の国民投票で「ブレグジット（BREXIT、英国のEU離脱を意味する造語）」が決まった直後のことでしたが、大変記憶に残っています。それと前後して「ポスト・トゥルース（真実）」という言葉もメディアをにぎわせています。こうしたタイミングのいい時に出版されたのが、水島治郎先生の『ポピュリズムとは何か―民主主義の敵か、改革の希望か―』です。
　一方、日本ではこの秋の衆院選挙で、東京都知事の小池百合子人気にあやかろうとした野党第1党が分裂するドタバタがありましたが、今日は日本の政治状況も含め、水島先生に基調講演をお願いし、これを受けて、多彩な顔ぶれのパネリストの皆さまに議論いただきたいと思っております。どうぞ最後までお聞きいただき、「ポピュリズム」そして「メディアの在り方」について認識を深める契機にしていただければ幸いです。

　最後になりましたが、お忙しい中、出席を快諾していただきました水島先生、パネリストの皆さまに改めてお礼申し上げます。ありがとうございました。

目次

「ポピュリズム政治にどう向き合うか
―メディアの在り方を考える―」主催者あいさつ ……………… 3
公益財団法人 新聞通信調査会 理事長　西沢 豊

シンポジウム開催概要 ……………………………………………… 7

第1部　基調講演

「中抜き」時代のデモクラシー
ポピュリズムの映し出す21世紀型社会

水島治郎　千葉大学法政経学部教授

- ポピュリズム系の政党や政治家が躍進 ………………………… 13
- 米国の「人民党」がポピュリズムの起源 ……………………… 15
- 「右対左」というより「上対下」………………………………… 17
- 「大衆迎合主義」という訳語は果たして適切か？ …………… 19
- フランスでマクロン氏が勝利した背景 ………………………… 21
- 不安定さ増すドイツ政治 ………………………………………… 22
- 日本でもポピュリズム政党が台頭 ……………………………… 24
- 冷戦の終結と左右対立の変容 …………………………………… 26
- 産業構造の転換とグローバル化も影響 ………………………… 29
- ラテンアメリカ諸国では「左派のポピュリズム」…………… 29
- 福祉国家の恩恵受ける「カッコ付き特権層」………………… 31
- 利益誘導政治への批判としてのポピュリズム ………………… 31
- 「無組織層」が大幅に増加 ……………………………………… 33
- 「20世紀型の組織や権威」は軒並み弱体化 …………………… 35
- 元SMAPがネットTVで高視聴率 ……………………………… 39
- 「大衆迎合主義」という訳語に「上から目線」はないか …… 41
- 無視できない「ポスト・トゥルース」の影響力 ……………… 42
- 新たな情報革命は「脱近代」の幕開け？ ……………………… 43

第2部 パネルディスカッション

「ポピュリズム政治にどう向き合うか
―メディアの在り方を考える―」

パネリスト

三浦瑠麗　国際政治学者
津田大介　ジャーナリスト／メディア・アクティビスト
芹川洋一　日本経済新聞社 論説主幹
山田惠資　時事通信社 解説委員長

コーディネーター

松本真由美　東京大学教養学部客員准教授

1. プレゼンテーション

「グローバルな生活」それとも「ローカルな生活」……………… 50
ローカルに生きている人たちがトランプを支持 ……………… 53
人々の関心は「自分に対する分配」……………………………… 55
明治以降に世の中を動かした各種メディア …………………… 56
ラジオの近衛、テレビの小泉、ツイッターの橋下 …………… 63
グローバル化と民主主義、国家主権はトリレンマ …………… 71
4列化していると同時に4層化 ………………………………… 73
マスメディア並みの影響力をネットが持った ………………… 75
SNS的なものが政治を動かしていく …………………………… 81
客観的事実より感情的訴え掛けが世論形成に影響 …………… 83
日本では「まとめサイト」が問題に …………………………… 87
情報の「ろ過装置」がキーポイント …………………………… 89
もはやAIがフェイクニュースをつくれる時代 ………………… 93
衆院選は「安倍対反安倍」の構図で始まった ………………… 97
なぜ小池さんは「排除の論理」を持ち出したのか …………… 101
旧来型の保守ハト派勢力が今は空席に ………………………… 105

2. 質疑応答

ポピュリズム台頭は民主主義の弱点を突くものか …………… 107
ファシズムこそ恐れるべき ……………………………………… 109
ポピュリズムと直接民主制には関連性がある ………………… 111

高過ぎる供託金とノーリターンルールの改善を ……………………… 114
　　　日本は反利権のポピュリズム …………………………………………… 116
　　　多様なメディアを通して自分でチェックする習慣を ………………… 118
　　　ネットに対するリテラシーが必要 ……………………………………… 120
　　　極論を廃して世論の中和性を考えたい ………………………………… 122

公益財団法人 新聞通信調査会概要 …………………………………………… 125

（編集後記）
「上から目線」の報道であってはならない ………………………………… 128
　　　倉沢章夫　新聞通信調査会編集長

【表紙の写真】　フランス東部で開かれた国民戦線の集会で演説するルペン党首（右）＝2016年9月3日（ロイター＝共同）

日本プレスセンタービル

シンポジウム開催概要

題名　ポピュリズム政治にどう向き合うか―メディアの在り方を考える―
主催　公益財団法人 新聞通信調査会
会場　プレスセンターホール（日本プレスセンタービル10階）
　　　東京都千代田区内幸町2―2―1
日時　2017年11月29日　13:30～17:00（13時受け付け開始）
内容　第1部　基調講演　13:35～14:50
　　　第2部　パネルディスカッション　15:00～17:00

第1部

基調講演

「中抜き」時代のデモクラシー
ポピュリズムの映し出す21世紀型社会

水島治郎
千葉大学法政経学部教授

「中抜き」時代の
デモクラシー
ポピュリズムの映し出す21世紀型社会

水島治郎
千葉大学法政経学部教授

水島治郎氏

　本日は「『中抜き』時代のデモクラシー　ポピュリズムの映し出す21世紀型社会」というタイトルでお話しさせていただきます。私は現在、千葉大学の「法政経学部」という学部に在籍しておりますが、おそらく皆さま方の多くは聞いたことがない学部名だと思います。実は、ほんの数年前まで「法経学部」という名前だったのですが、政治学の役割がますます重要になっていることもあり、「政」の字を加え、「法政経学部」という全国的にも極めて珍しい名前になりました。

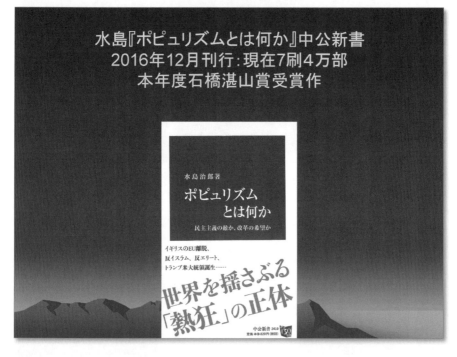

ぜひこの機会に、お見知りおきをいただければと思います。

ポピュリズム系の政党や政治家が躍進

　さて、本日のメインテーマは「ポピュリズム」です。2016年6月、欧州連合（EU）からの離脱を巡る英国の国民投票で離脱派が勝利し、いわゆる「ブレグジット（Brexit）＝Britain（英国）とExit（離脱する）を組み合わせた造語」が起きました。そして、その年の秋には米国の大統領選挙で、初めは共和党の泡沫候補扱いだったドナルド・トランプ氏が当選。さらに17年に入るとオランダ、フランス、ドイツなどで総選挙が行われ、ポピュリズム系の政党や政治家が躍進を果たしました。それ以外にも、中・東欧諸国やニュージーランドなどで同様の傾向が見られ、まさにポピュリズムはグローバルな広がりを見せているわけです。

　そこで本日は、このポピュリズムに関して、「中抜き」という観点から、特にメディアとの関係に焦点を当てつつ、お話しさせていただきます。私は16年12月に『ポピュリズムとは何か』（中公新書、石橋湛山賞受賞）という本を出版し、幸いにして多くの方にお読みいただきました。もちろん、ブレグジットを受けていきなり数カ月で書き上げるだけの馬力は、私にはございません。2年ほどかけて書いたら、結果的にポピュリズムが大きな話題となった時期と一致した、というのが実情です。

　17年におけるポピュリズムの広がりを考える時、その起点は、ドイツにヨーロッパのポピュリストリーダーたちが一堂に会した1月21日にあったと言ってよいでしょう。そこで彼らは、「米国に続いて今年はヨーロッパで私たちが政権を取ろう」と気勢を上げたわけです。この前日、1月20日には、トランプ米大統領の就任式が行われ、世界のメディアの注目が集まった。これは皆さんも記憶に新しいと思います。それを受けてヨーロッパのポピュリストリーダーたちは、この好機を捉えようと、その翌日にドイツに集結し、世界の多くのメディアから注目を集めることになりました。彼らは、17年の1年間に各国で大きな政治的インパクトを与えていくことを訴えた。今年（17年）も終わりに近い今になって、彼らの「メディア戦略の巧みさ」が、1月以降もさまざまな形で発揮されたと、改めて感じているところです。

フランスの極右政党、国民戦線のルペン党首（前列右）、自由党のウィルダース党首（後列中央）らと欧州の右派指導者の会議に出席する「ドイツのための選択肢」のペトリ代表（前列左）＝2017年1月、ドイツ西部コブレンツ（ロイター＝共同）

　ポピュリストらの主張には「反自由主義」や「反民主主義的な部分」、あるいは「アンチグローバリゼーション」「アンチイスラム」「反移民」といった、さまざまな要素が混在しています。少なくとも既存の代表制民主主義やリベラルな国際秩序に対するアンチテーゼ、少なくとも重大な挑戦を成すものでした。

　だからこそ現在、このポピュリズムの拡大が、さまざまな形で議論され、批判され、論争の的となっているわけです。しかも興味深いのは、このポピュリズムの動きが、いわゆるデモクラシーの未発達の、いわば途上国ではなく、むしろデモクラシーの先進国とされてきた西ヨーロッパを起点として勢力を伸ばしていることです。

　20世紀的な進歩主義的常識からすれば、民主化を進め、より多くの人が政治に参加し、そしてより多くの人が知識を得ていけば、排外主義的な動き、あるいはアンチリベラル的な考え方は、いつかは淘汰され、理想のデモクラシーができるのではないかと考えるところがありました。しかし、現実はむしろ逆であり、北欧やオランダ、ベルギーといった、むしろ私たちから見ればヨーロッパの中でも進んだデモクラシーを実現している諸国において、ポピュリズムの動きが広がりを見せています。

　1月21日に集まった中でも、中核となった3人の人物がいます。フランスのマリーヌ・ルペン（国民戦線党首）、オランダの自由党というポピュリスト政党のリーダー、（ヘールト・）ウィルダース、そして「ドイツのための選択肢（ＡｆＤ）」という右派政党のリーダーだった（フラウケ・）ペトリという女性です。彼らはいずれも既存の民主主義の枠内で、しかし従来の民主主義に対する重大な異議申し立てを行う存在として、強い注目と批判を集めました。

今やこの３国だけでなく、オーストリア、スイス、イタリア、ベルギー、デンマーク、ノルウェー、スウェーデン、ドイツなど、西ヨーロッパのほとんどの国で、ポピュリスト系の政党が少なからぬ議席を取ったり、票を集めたりしています。

　一方、英国という国はちょっとまた別で、小選挙区制度の結果、議席獲得という点ではポピュリズムは非常に弱い。けれども保守党の一部を取り込み、国民の反ＥＵ感情に訴え掛ける形で、離脱派がブレグジットの国民投票における勝利を獲得したというのはご承知の通りです。

米国の「人民党」がポピュリズムの起源

　次にポピュリズムとは何か、ということを考えてみたいと思います。ポピュリズムについて、概して日本では「大衆迎合主義」という訳語が当てられます。この訳語が果たして適切かどうかということも、ちょっと考えながらお聞きいただきたい。

　ポピュリズムという言葉は、もともとは「Populus」(ポプルス)というラテン語、人民という言葉に起源を持ち、直訳すれば「人民主義」と言える言葉です。そして近年のポピュリズムの議論、あるいは国際的な広がりの中でのポピュリズムの定義などを見てみますと、概して言えることは、大衆迎合主義かどうかということは別にして人民、英語で「People」(ピープル)、日本語では民衆となることもありますが、この人民（民衆）に依拠してエリートを批判し、人民の意思を直接反映させることを主張する急進的な改革運動、この辺りが共通理解ではないかと私は考えています。

　要するに、その中心はピープル、ラテン語のポプルス、フランス語の「Peuple」(プープル)であって、そのピープルの本来持つべき権利、本来発揮すべき意思が、現実のエリートによって妨げられている。そうしたエリート支配を打破して、人民が直接政治に対して最終的な発言権を有するべきだ、という考え方がポピュリズムの背景にある。

　歴史的に見ると、米国の人民党、ポピュリストパーティーが起源となっていると言ってよいでしょう。米国において19世紀末に、当時の共和党、民主党といっ

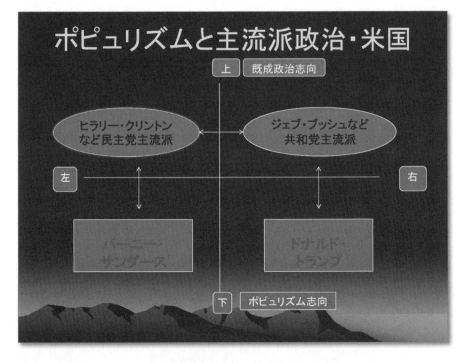

た二大政党による寡占的な支配や、あるいは当時の大企業による市場の支配など、政治経済的な権力の独占に対して、農民や労働者層の一部が決起する形で「第三党運動」を起こし、それが一定のインパクトを持った。それが米国の人民党であり、そのスタイルの政治運動が、それ以後、ポピュリズムと呼ばれるようになりました。そういう意味でポピュリズムは、元々左翼的な、少なくとも改革運動的な意味を持った言葉であったわけです。なお、米国におけるこうした動きは、二大政党が人民党の主張を取り込んで（施策を）行ったこともあり、短期間で終わってしまいました。

さて「反エリート運動」としてのポピュリズムですが、では一体そこで批判されるエリートとは何か。これは国によって違いますが、概して既成政党、国会議員、官僚、地方組織、場合によっては労働組合や農業団体、そして多くの場合はメディア、知識人を対象とすることが多いようです。政治・経済・社会・文化の各分野において権力を握っている人々、このエリートが本来の人民の意思を無視して、自分たちの狭いサークルの中で権力をたらい回しにしている。そして不都合な真実があれば、そのエリートでのみ情報をとどめ、真実をピープルには知らせない。ポピュリズムは、このような国民、市民、ピープル不在の政治を打破して、権力や富を人民・ピープルの手に取り戻すのだと主張するわけです。もちろんそのことは、ポピュリズムが「真に」人民を代表しており、本当に人民のための政治を追求しているのか、ということとは別問題ですが。

「右対左」というより「上対下」

このようにポピュリズムの特徴を示してみると、先ほど左翼的な意味合いが以前は強かったと話しましたが、私たちが慣れ親しんだ、いわゆる「右と左」という対立軸とは異なる対立軸で存在すると思います。エリート批判は、左翼的な意味合いを持ち得る場合もあるが、反対に右派的な意味を持ち得るケースもある。政治的な対立軸を考えると、ポピュリズムにおいては「右対左」というよりは「上対下」という面が強く出てくるわけです。

例えば米国では、大統領選挙は基本的に右の共和党と、中道左派寄りの民主党の争いでした。共和対民主、大まかに言えば保守対リベラル、右対左という対立

米カリフォルニア州で演説するサンダース上院議員＝2016年5月17日（UPI＝共同）

軸で表されてきました。しかし、2016年の大統領選挙において明らかになったのは、共和党においても民主党においても、党のエスタブリッシュメントそのものに反発する動きが高まって、共和党においてはトランプ氏、民主党においてはバーニー・サンダース氏が、党のエスタブリッシュメントに反旗を翻す形で支持を集めました。そして最終的にトランプ氏は共和党の大統領候補となり、サンダース氏はヒラリー・クリントン氏を大いに脅かした。すなわち、右対左という軸とともに、「既成政治志向」か「ポピュリズム志向」という上対下という対立軸が16年選挙においては一気に強まった。左か右かを横軸、上か下かを縦軸にした四つの象限、「四つどもえ」の争いが展開されたということになります。

　四つの象限の左下に位置するサンダース氏は、最終的には民主党候補になれなかったわけですが、サンダース氏から徹底的に批判された左上のクリントン氏は深手を負いました。それが結果的にはトランプ氏対クリントン氏という戦いにおいて、クリントン氏に不利に働いたということは、広く指摘されているところです。そういう意味では、共和党陣営においても民主党陣営においても、ポピュリズム志向の空間が開け、従来のエスタブリッシュメントとは異なるポピュリスト的なアピールが影響力を持った。「従来の政治家はウォール街や一部のエリートに取り込まれた連中であって、自分たちこそが米国の本来の人々を代表している」と主張したトランプ氏とサンダース氏。この2人によって大きく揺り動かされたということになります。

　トランプ氏とサンダース氏といえば、それぞれを極右と極左とみなす見方もあって、全く逆ではないかと思うかもしれません。しかしながら、これはしばしば指摘されるところですが、トランプ氏の演説の一部を切り取ってサンダース氏の

> **有力英英辞典によるpopulism**
>
> 「普通の人々を代表すると主張するclaiming to represent the common people」
>
> 「特権的エリートに対抗する人々の権利と権力を支持する政治哲学 a political philosophy supporting the rights and power of the people in their struggle against the privileged elite」
> ⇒「大衆迎合主義」という否定的ニュアンスはない
> 「ポピュリズム」か「人民主義」の方が適切か

演説の一部と比べると、ほとんど同じような箇所がある。逆にサンダース氏の演説の一部を切り取って見せると、これはトランプ氏だろうと思うこともあり得る。似たような主張がここかしこにあるわけです。いずれも既成の政治への批判、既成の政党への容赦なき弾劾が共通しており、極右と極左という言い方をしてしまうと全く見えないものが、この両者にはあるわけです。

「大衆迎合主義」という訳語は果たして適切か？

　そこで、英語のポピュリズムとは何か、という話に立ち戻りたいと思います。英文学に詳しい方々に話を聞いて、一番アカデミックで頼りになる英英辞典を選び、ピックアップしてみました。例えば、ある有名な辞書は「普通の人々を代表すると主張する運動、それがポピュリズムである」とする。英語では「claiming to represent the common people」です。まさに名もなき普通の人々（common people）が、ポピュリズムの依拠する相手であると定義します。別の辞書は「特

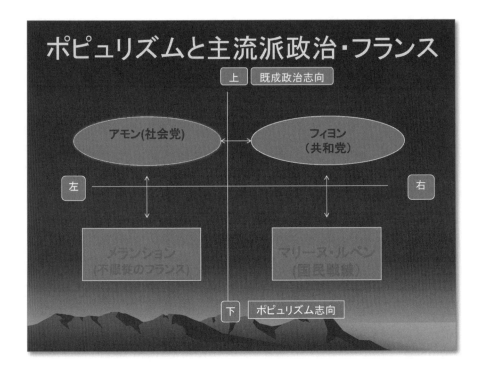

権的エリートに対抗する人々の権利と権力を支持する政治哲学」だと解説します。政治哲学という言い方になると、やや日本語の語感としては抽象度が高くなってしまいますが、英語では「a political philosophy supporting the rights and power of the people in their struggle against the privileged elite」です。要するに「特権的なエリートと対抗する人民、その人民のまさに守り手」とポピュリストを規定するわけです。

少なくとも英語で言うポピュリズムという言葉には、大衆迎合主義という否定的なニュアンスは必ずしもありません。もちろん、現実のトランプ氏が果たして米国民、common people を代表しているのかと言えば、そうとは言いづらいでしょうが、その主張の基本的な枠組みには、ポピュリスト的な部分がある。

ただ、英語でいうポピュリズムという言葉を日本語で「大衆迎合主義」と機械的に訳していくと、その時点でかなり否定的なイメージが最初から付いてしまう。日本のメディアにおけるポピュリズム報道を見ていて、（これが）私には気になる点でありました。しかも、この否定的なイメージはなかなか変わらない。

私もいろいろなメディアでお話をさせていただいて、「新聞記事でポピュリズムを大衆迎合主義と訳すのはいかがなものかと思いますよ」みたいな話をしても、翌日の紙面を見ると、でかでかと「大衆迎合主義の危険を語る水島治郎氏」といった見出しになっている。なかなか手ごわいです（笑）。

フランスでマクロン氏が勝利した背景

　それはともかくとしまして、このように「四つどもえ」の現象が生じてきたのは、別に米国に限ったことではありません。例えばフランスを見ると、実は2017年の大統領選挙は、まさに四つの象限の争いでありました。有力な右派政党が共和党で、左派政党は社会党です。共和党は、（シャルル・）ドゴール以来の歴史を持つ輝かしい、ある意味ではノーブルな保守政党。一方で社会党も（フランソワ・）ミッテラン以来、大統領を出しており、これまた歴史のある政党です。基本的には共和対社会という、保守（右派）と左派をそれぞれ代表する政党が、大統領候補を立てて社会を二分して争うというのが、ほとんどの大統領選挙での構図でした。

　しかしながら、今回はご承知の通り、右側の空間においてルペン氏が右下、ポピュリズム志向の候補として登場し、多くの国民の注目を集めた。既成政治に対する強い批判をばねに、反EUという一部の人々に受けるロジックを用いて、既成の国際秩序、国内政治を批判しました。その結果として、本来の保守政党である共和党の大統領候補、右上の（フランソワ・）フィヨン氏をしのぐ支持を受けるに至ります。

　左側の空間の方はどうかと言うと、左上の社会党は現職の大統領（フランソワ・）オランド氏を出していたのですが、これがまた大変不人気で、後継の大統領候補もほとんど支持を得られなかった。これに対して、極左的で最左派の主張を掲げ、EUに対しても強い批判を向ける左下の（ジャンリュック・）メランション氏という候補が「不服従のフランス」という政治グループの指導者として、大統領選挙に参入。これが少なからぬ支持を受けました。さらに、そこに（エマニュエル・）マクロン氏が出てきて、最終的にはマクロン氏対ルペン氏という対決の中で、マクロン氏が勝利したわけです。

テレビ討論に臨んだフランス大統領選候補のマクロン氏（右）とルペン氏＝2017年5月3日、パリ近郊（ロイター＝共同）

マクロン氏の勝利は、一見するとポピュリズムの動きを既成政党が見事に押さえ込んだというふうに見える部分もある。マクロン氏は、既成政党の閣僚をやっていた人物ですから。しかし、既成政党で大統領を目指すことの困難さを悟り、既成政党を批判する立場から閣僚を辞めて飛び出し、自分の運動を立ち上げた人物でもあります。マクロン氏が最終的に大統領になれた背景には、やはり従来の二大既成政党に対して有権者が強い違和感を抱き、さりとて過激な主張のルペン氏には大統領になってほしくないという人々の幅広い支持を受けたことがある。そういう意味では「ルペン氏なくしてマクロン氏なし」という面がある。つまり、ルペン氏によって既成政党が十把ひとからげに否定され、信頼を喪失した後に、現実的な選択肢としてマクロン氏が浮上したわけです。そういう意味では、フランスの大統領選挙自体も、やはり既成政党の大幅な弱体化と、ポピュリスト的な動きの広まりという各国の流れの中で理解できるでしょう。

不安定さ増すドイツ政治

　さらに、このような四象限の対抗関係は、2017年9月のドイツの選挙においても明確に見えたところです。基本的にドイツの政治というのは、非常に安定的で、保守の代表格のキリスト教民主・社会同盟（ＣＤＵ・ＣＳＵ）と、左は社会民主党（ＳＰＤ）という、いずれも有名な首相を何人も出してきた歴史と伝統ある政党同士の争いでした。従来はこの二大政党が常に首相を出してきたわけです。しかも、その二大政党と真ん中の自由民主党（ＦＤＰ）という自由主義系のやや小さな政党、この3党のうち2党が組めば政権を維持できた。

　ところが、今回新たに「ドイツのための選択肢（ＡｆＤ）」という党が出てき

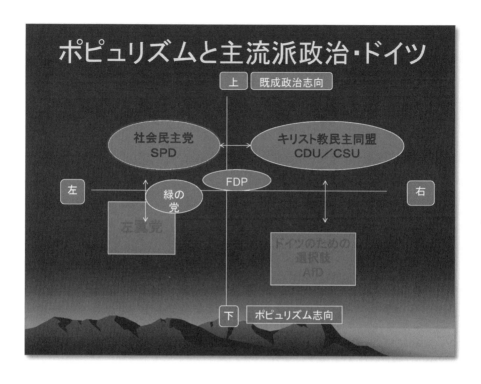

た。この政党は、従来のドイツ政治の穏健な政治とは一線も二線も画し、既成政治に対する厳しい批判、さらに近年の移民・難民問題を取り上げ、反移民・反難民のスタンスを全面的に打ち出しました。これによって、右左を問わず既成政党が一致して示す移民・難民に対する受容的な政策に強い違和感を持つ有権者の支持を、ぐっと集めることができたわけです。右翼政党が、今回の選挙で第3党になったというのは、もちろんドイツの戦後史の中では初めてのことです。

なおドイツの場合は、左の方に「左派党」という政党がしばらく前からきちんと勢力を得ていますが、この政党もある意味では下側のポピュリズム志向の政党のようなところがあり、既存の政治に対してはかなり批判的。それであるが故に、連立には組み入れにくい。ということで、今、ドイツで大変困っているのは、連立を組む対象の既成政党の議席が縮小してしまっていること。CDU・CSUもSPDも9月の選挙では戦後最低レベルの得票率しか得られず、足して何とか50%を超えるぐらい。かつては合計で8割取れていたような二大政党が、ここまで落ち込んでいるわけです。

小池百合子氏（左）と橋下徹氏

そこでＳＰＤが連立に入りたくないと言うと、（アンゲラ・）メルケル首相のＣＤＵ・ＣＳＵはＦＤＰや90年連合・緑の党と連立を組むしかない。それぞれの政党カラーが黒、黄、緑でジャマイカの国旗と同じことから「ジャマイカ連立」と呼ばれるものです。しかし、3党の政策には相違がかなり大きく、ドイツ政治は不安定にならざるを得ない。最終的にはＣＤＵ・ＣＳＵとＳＰＤが組まざるを得ないかもしれない。このようなドイツの不安定さが、ヨーロッパ、ＥＵ全体を揺るがしているというのはご承知の通りです。

日本でもポピュリズム政党が台頭

このように、欧米諸国ではポピュリズム旋風が吹き荒れています。では「日本はどうなのか」と関心を持たれる方も多いかと思います。そこで日本の政治状況を、これまでお示ししてきた「上下左右、2×2」の四象限に当てはめてみますと、ポピュリズム政党が台頭している欧米諸国とある程度は似たような状況にあると言えそうです。

従来は、保守系の伝統ある政党として自民党が右上にあり、左上には中道左派の各政党、かつての社会党や、民主党の流れを受け継ぐ中道左派の最大政党として民進党がありました。今も民進党は存在しますが、規模はかなり縮小してしまったのはご承知の通りです。自民対民進の対抗軸の間には公明党があり、左の方に共産党、あるいは社民党などがあるという構造で、大まかに言えば既成政治志向で右と左に有力政党を一つずつ擁するという、他の先進諸国と同じような政党配置だったわけです。

しかしながらここ数年、ご承知の通り「日本維新の会」が出てきており、2017年に入って「希望の党」や「立憲民主党」といった、既成政党とは明らかに距離

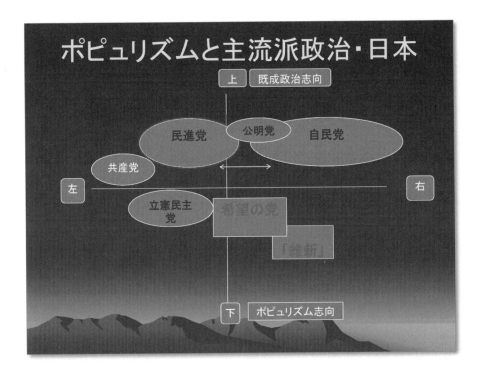

を置く政党が生まれました。ただ、既存の体制を強く批判するヨーロッパのポピュリズム政党と比べると、そのインパクトは必ずしも強くない。つまり、ぐっとポピュリズム志向の方に行くような政党ではありません。「反既成政党」「反しがらみ」といった、必ずしも政策の対立軸としては明確ではないけれども、既成の政党の持つネガティブなイメージを払拭することを積極的に追求する政党が、幾つも出てきています。これが17年の衆議院選挙を経て、立憲民主党と希望の党がそれぞれ衆議院の野党の第1党、第2党を占めるという形になった。

　個人的な印象といたしましては、小池（百合子）氏よりも橋下（徹）氏の方がポピュリストの理念形に近いと思います。小池氏の場合、元々自民党の閣僚だった人物が飛び出した形で支持を受けたというところがあります。小池氏自身は「フランスのマクロン氏のようになりたい」と考えており、ポピュリズム志向に向かうよりは、既成政党に対する国民の違和感を幅広く受け止め、自分が主導権を握ろうとしたように思えます。そういう意味では「マクロン流」を追求していたのかもしれません。いずれにしましても、既成政党にとどまることは政治的に有利

であるどころか、多くのマイナスをもたらすということが、近年、各国で明確に出てきているということであります。

ヨーロッパのルペン氏などの主張や、トランプ米大統領のイスラム圏などからの入国制限措置などを見ると、欧米のポピュリズムは排外主義的、右翼的運動と見えるかもしれません。しかし、それはポピュリズムの中でも本質的は部分とは言えず、むしろ人民の主張を代弁すると主張する運動であるということが重要であると思います。

フランスのツベタン・トドロフという有名な思想家は「ポピュリズムは、右や左である以上に『下』に属する運動であって、上の側に既成政党を置き、その上を批判する下の対抗運動」だと主張しています。同時に彼は、このような動きを「民主主義の内なる敵」と呼んでいます。これはなかなか言い得て妙な言葉でもありまして、民主主義のロジックを使いながら、既存の民主主義を徹底的に批判するわけです。

冷戦の終結と左右対立の変容

次に、こうしたポピュリズムが一体なぜ、近年これだけ勢力を伸ばしているのかを考えなければなりません。幾つかの理由があると思います。一つは「冷戦の終結と左右対立の変容」。かつての政治はどこの国においても、右対左という形で争われましたが、それは冷戦構造を反映していたわけです。しかし、1990年前後の冷戦構造の終焉、社会主義諸国の崩壊により、まず左派の側で社会主義理念を再考せざるを得なくなります。

1990年代に社会主義の危機や終焉がしきりに語られたわけですが、物事はそう単純ではない。左派の弱体化や再定義は、右派にとってもアイデンティティーの危機をもたらすことになりました。なぜかと言いますと、実は日本を含め多くの先進国における保守政党の一つの重要な使命が「左派や社会主義政党に政権を渡すな」ということだったからです。つまり、自由主義的なものから保守主義的なものまで、さまざまな流れの混在する保守政党は、左翼政党に政権を渡すくらいなら、お互いに妥協し合う方がましだというロジックの下で、辛うじてまとまってきたわけです。それが多くの国々における保守系の政党支配、日本においては

> # ポピュリズム伸長の背景は何か
>
> ## 「20世紀型政治の終焉」
>
> ①冷戦の終結と左右対立の変容
> ②既成政党や既成団体の弱体化
> ③産業構造の転換とグローバル化、
> 移民の増加、ヨーロッパ統合の進展

自民党による支配が続いてきた背景です。

　日本にせよ、イタリアにせよ、保守政党の危機あるいは下野は、冷戦構造の崩壊と左派の再定義が行われた後に起きています。ご承知の通り日本において、90年代になって自民党は初めて下野しました。イタリアにおいても、キリスト教民主党（ＤＣ）という政党——日本の自民党と非常によく似た一党支配政党——がまた、左翼に政権を渡すことを防ぐという意味での存在価値が失われ、汚職が摘発されると一気に世論が背を向けたことから、政党そのものが消滅するに至りました。そういう意味では、冷戦構造の崩壊、左右対立の変容は右派においても左派においても非常に大きな変容、ダメージをもたらしたということです。もはや、右あるいは左という何らかの核があるということ自体が、何ら政党としての安定的な存続を保証するものではなくなったわけです。

二大政党の帰趨…

2017年3月　オランダ総選挙
キリスト教民主アピール　12.4％
労働党　　5.7％
2017年4月　フランス大統領選挙第一回
フィヨン（共和党）19.9％
アモン（社会党）　6.4％
➡ **二大政党は合計で2割程度…**

ポピュリズムの国際比較

①西欧型とラテンアメリカ型

②日本の位置づけ

③アメリカ合衆国の位置づけ

産業構造の転換とグローバル化も影響

　2番目の理由としましては「既成政党や既成団体の弱体化」が挙げられます。既存の政党やそれを支える組織は今や、いずれも弱体化しており、足腰が弱っている状態です。多くの人が既成の政党や団体にそっぽを向いているという傾向が見られる。

　3番目は「産業構造の転換とグローバル化」です。ヨーロッパでは移民の増加や国境を越えた統合の進展といった構造変化が起きました。この変化は旧来の工業労働者層、あるいは貧困層に対してより厳しく作用しました。この結果、彼らは「既存の政党は自分たちを守ってくれない」と反発し、そこでポピュリスト政党の主張に魅力を感じてしまうことが生じているわけです。

　既成政党の弱体化に関して具体的に見てみますと、2017年3月のオランダ総選挙では、かつて保守政党として政権を担ってきた巨大政党の「キリスト教民主勢力」の得票率は12.4％にすぎません。左派政党として政権を担ってきた「労働党」は5.7％です。二つ合わせても2割にいかない。フランスの大統領選挙を見ても、共和党のフィヨン氏は第1回投票で19.9％にとどまり、第2回投票に進めなかった。（ブノワ・）アモン氏は社会党の候補だったわけですが、6.4％という大惨敗を喫してしまった。つまり、既成の二大政党はいずれの国においても、非常に大きな打撃を受けている。もう二大政党時代とは言えなくなってしまっているということがお分かりいただけるのではないかと思います。

ラテンアメリカ諸国では「左派のポピュリズム」

　ただ、ポピュリズムには各国でさまざまなバージョンがあります。西欧諸国や米国においては左派的なポピュリズムもありますが、国際的に有名であり政治的にも強い影響力を及ぼしているのは「右派のポピュリズム」です。他方で世界を見渡しますと、ラテンアメリカ諸国を中心として「左派のポピュリズム」がかなり強い。共にポピュリズムといわれながら、なぜそのような違いが出てくるのかを簡単に説明したいと思います。

　まずラテンアメリカに関しましては、代表的な存在がアルゼンチンの（ファ

アルゼンチンのファン・ペロン元大統領（左）と夫人のエバ・ペロン（EP＝共同）

ン・）ペロン元大統領と（夫人の）エバ・ペロンの2人と言ってよいでしょう。非常に有名でありまして、今でもアルゼンチンであがめられているところがあります。このペロン元大統領を代表とするラテンアメリカのポピュリズムには、社会立法、労働立法の充実、そして分配の強化、既存の政治経済エリートへの攻撃といったことが共通項としてあります。強権的な部分もあるものの、基本的には労働者大衆の多くの支持を集めた典型的な左派ポピュリズムと言えます。

では、なぜラテンアメリカ諸国を左派ポピュリズムが席巻したのか。21世紀に入っても、ベネズエラの（ウゴ・）チャベス前大統領とか、ボリビアやエクアドルといった幾つかの国では左派的なポピュリズムが強い支持を得ている。いろいろな問題を起こしてベネズエラなどは混乱状況にあるわけですが、少なくともポピュリズム政権は分配の強化や外資、特に米国系の外資に対する規制強化など、典型的な左派的な政策を取って国民の支持を得ました。

ラテンアメリカ諸国の場合、植民地時代以来の圧倒的な貧富の格差が、左派のポピュリズムが勢いを得た大きな要因と言えます。特に20世紀の前半までは、ラテンアメリカの政治経済というのは、ほんの一握りの白人の富裕層が握っていた。それを打破するために労働者や農民、中小企業などをまとめ上げたのが、このペロン元大統領をシンボルとするラテンアメリカのポピュリズム、ポピュリストだったわけです。今もなおラテンアメリカでは、所得分配の平等・不平等を測る指標であるジニ係数を見ても明らかな通り、貧富の格差は非常に激しいものがある。そのような社会経済状況下においては、エリートの持っている特権的な権力と富、土地、財産を引きはがしていこうという動きは、左派的にならざるを得ない。ラテンアメリカには右派的なポピュリズムもありますが、大衆的な支持は得られていないというのが現状です。

福祉国家の恩恵受ける「カッコ付き特権層」

　ヨーロッパは、ラテンアメリカとは事情が異なります。ジニ係数を見ても、福祉国家がある程度充実している。そのため、ポピュリズムの現れ方が違ってきます。一部の人々の特権的な権力や富を引きはがせという主張よりは、この充実した福祉国家というシステム、いわば再分配のシステムを通して利益を得ている人たちこそが特権層だと、そういった主張が力を持ってくる。その再分配によって利益を得ているとされるのは誰かと言えば、公務員、労働組合、生活保護受給者などです。さらに最近では移民、難民も批判の対象に加わりました。つまり、既存のシステムによって「不当に」利益を得ている「特権層」として、かつては弱者だった人びとが、むしろやり玉に挙がる。

　日本においても、「生活保護特権」なるものが語られたこともありますが、ヨーロッパほど再分配システムが充実していないが故に、「特権層」批判はそれほど支持を得ていない。そして移民の相対的な割合が小さい日本と違って、ヨーロッパでは移民や難民が、過度に保護されている特権層として可視化されやすい面があるわけです。

　ドイツの2017年の選挙においてＡｆＤを支持した人がしばしばインタビューで語っていたのは「政府は難民に充実した衣食住を提供するのに、私や家族は貧しいままだ。許せない」との不満でした。ある意味で倒錯したジェラシーが、ポピュリズムによってかき立てられているわけです。

　オランダや北欧のようにデモクラシーを高度に発達させ、日本がモデルとしてきたような福祉国家で、福祉を享受するマイノリティーへの攻撃が社会のコアな部分で力を持ってしまう。一種の逆説です。ある意味で民主主義は、まさに民主主義の成功の故に、その内側に敵をつくり出してしまったと言えるのかもしれません。

利益誘導政治への批判としてのポピュリズム

　この辺りで再び、日本の話をしたいと思います。日本は右派的、排外的なポピ

ュリズムが大きな力を持つという状況にはなっておりません。これはやはり人口に占める外国人の割合が、まだまだ少ないからだと考えます。なにしろ人口の２％にすぎない。反移民、反外国人の主張を全面的に展開する政党があったとしても、支持は広がらないでしょう。

　他方で、ラテンアメリカ型の「人民がエリートを包囲する」といった主張が広がりを持つ事態も、なかなか実感が湧かない。では日本では、どういう手段で反エリートが可能かと言うと、「反既得権益」「反既成政党」など、いわば「反しがらみ政治」、中身には乏しいものの、既成政党に違和感を持っている人に対しては一定のアピールをし得る、そのような主張だと思います。すなわち、右の極端さや左の極端さを避けた「中のポピュリズム」が、ある意味有効ではないか。

　日本の場合、特に自民党政権下、クライエンテリズム（恩顧主義）的な利益誘導政治が広がっていったという特色がある。そこで、親分子分的な互報酬関係を批判し、既成政治やしがらみによって取り込まれた政治とは異なる「市民のための政治」を、という主張は、中身があるなしは別として、一定のポピュリズムのアピールとしてはあり得るだろうと思います。

　小池氏にしても橋下氏にしても、そのような既成政治に対する違和感を動員した点で共通している。ただ、その際に重要なことは、反既成政治、反既得権益といった意識が強いのは、大都市圏だということです。日本の場合は元々、戦後政治の中で自民党政権が「国土の均衡ある発展」という考え方の下、大都市の富を地方に流していくというシステムをつくってきました。このため地方から反既成政治ののろしが上がるというのは、今の段階ではやや考えにくい。むしろ都市部において、自分たちの利益が自民党政権によって守られていないという違和感が強く、これがまさに維新や「都民ファースト」、あるいは名古屋における「減税日本」のような三大都市圏におけるポピュリスト政治家、日本型ポピュリズム政党への一定の支持という形で表れていると言えるかと思います。そういう意味では、小池氏がやろうとした「三都物語」という手法は一定の根拠があったのかもしれません。

　この日本の状況は、米国でラストベルト、英国でイングランド北部の古びた工業地帯、フランスにおいては北東部のこれまた古びた工業地帯などで「置き去りにされた人々（Left behind People）」、あるいは「忘れられた人々（Forget People)」と呼ばれる、まさに大都市のエリートとは対極の地域と困難の中にある人々がポピュリズムを支持したのとは、ベクトルが逆の部分です。ポピュリズムが力を持ち得るのが大都市だとすれば、日本におけるポピュリズムには限界があるということも言えるのかもしれません。

護憲派の市民団体が開いた集会で発言する立憲民主党の枝野代表＝2017年11月3日、国会前

小池氏は四象限の右下、右派でポピュリズム志向の立ち位置を狙いましたが、ご承知のように「排除発言」以降、勢いが失速してしまった。他方、四象限の左下、左派的でポピュリズム志向という政治空間だけぽっかり空くことになった。その空いた空間を埋める形で出てきたのが「立憲民主党」であり、「枝野立て」というSNS（会員制交流サイト）における広がりと言えるのではないかと思います。

つまり、この左下の立ち位置をしっかりアピールしていければ、無党派リベラル層をぐっと引き付けることができる。枝野（幸男）氏は、その辺りを本能的に感じ取ったと言えるのではないでしょうか。そうなりますと、今回の日本の衆議院選挙でも、ある意味では右と左、上と下の四つどもえの構造ができたと言えるのかもしれません。やはりグローバルな政治の展開と日本政治の展開は連動していると言えるのではないでしょうか。

「無組織層」が大幅に増加

残った時間で、より幅広い形でポピュリズムの問題を考えてみたいと思います。実は私は、ポピュリズムの動きというのは政治だけでなく、より広く社会、経済、文化など多方面に広がる共通の動きではないかと考えております。一言でいえば「中抜き」が進んでいるのではないか。

中抜きというのは元々、流通分野において問屋など、間に介在する業者をバイパスするという意味が強いのですが、政治においてもリーダーが直接、ツイッタ

21世紀は「中抜き」政治の時代？

経済分野のみならず、政治・社会・メディア・教育現場など、多方面で広がる「中抜き」現象

日本の有権者の団体加入率の変化

団体加入率	1980年	2014年
自治会	64.9%	24.7%
農業団体	9.7%	4.4%
労働組合	12.2%	5.9%
経済団体	5.8%	1.7%
加入していない	18.2%	42.6%

➡「無党派層」ならぬ「無組織層」が大幅に増加している

ーやSNSを介して支持者に訴え掛けていく形で、既存の組織をバイパスしていく構図が出来上がりつつあるのではないか。そして政治以外でも社会、メディア、教育現場などで中抜きが広がっているように思うわけです。

　例えば既存の組織。有権者の団体加入率はここ30年間で大幅に下がっています。地元の自治会に加入している人は、1980年の64％から、2014年には24％に下がった。農業団体加入者も同9.7％から4.4％に、労働組合は同12.2％から5.9％、経済団体──これはおそらく地元の商店会、振興組合などだと思いますが──は同5.8％から1.7％に下がったといった具合です。こういった職業、地縁、労働現場といった部分に依拠した団体に加入している人の比率というのは、（1980年から）半分以下に減っているわけです。一方で何が増えているかと言うと、唯一大幅に増えているのは「何も加入していない」という、無党派層ならぬ「無組織層」の人々です。80年には1割台でマイノリティーだったのですが、2014年には4割を超えるまでに膨らんでいます。大都市圏だけ見たら、もっと多いだろうと思います。

　だとすると、例えば小池氏が東京都知事選や都議選に臨むときには、既成の組織の推薦をずらりと並べるより、むしろ既成の組織や団体、政党によって不当な支配が行われていると訴えた方が有利になる。「都議会のドンが悪さをしているから戦おう」といった形で、最大グループである無組織層に訴えるのが、一番効果があるわけです。

　つまり、人々は無党派化し、かつ無組織化している。かつて労働者は労働組合に入り、そこでビラ配りをし、次に労組が支持する政党を活動の一環として支援するといったルートがあった。しかし今は、団体経由のルートというのが圧倒的に弱体化しています。そして既成の政治は、既成の団体、狭いエリートサークルの支配する、人々から遊離した存在と見られるようになりました。

「20世紀型の組織や権威」は軒並み弱体化

　こういった変化は、政党や労働組合、職業団体に限るものではないと思います。自治会、町内会、宗教団体など、20世紀において有力であった組織は、軒並み弱体化している。これはもう止めどない現象です。また大企業においても、ピ

20世紀型組織・権威の凋落？

政党・労働組合・職業団体
自治会・町内会・宗教団体
ピラミッド型構造の大企業
従来型メディア（新聞・テレビ・ラジオ）
文壇・論壇・知識人

中抜き政治の先端例：オランダ自由党
党首・ウィルデルス＝唯一の党員
ツイッターのフォロワーは93万人；
「政党ひとり」で2017年選挙では137万票

ラミッド型構造の大企業は調子が悪い。メディアにおきましても、新聞やテレビ、ラジオを中心とする従来型メディアの果たしている役割が、だいぶ弱くなってしまっている。いわば「20世紀型の組織や権威」が凋落(ちょうらく)し、むしろ個人がそれぞれに独立して政治的な選択を行ったり、自分の行動を決めたりしていくように変わってきている。いわば「中抜き」的な形があちこちで表れているのではないかと思います。

　かつてのような、新聞やテレビ、ラジオが、世の中の状況や変化を編集して読者に提供し、読者はそれをまず読むことからスタートするというのではなくて、個人個人がインターネットなどを通じて情報をさまざまな形で収集していく時代になっているのではないでしょうか。文壇や論壇、知識人、いずれも20世紀華やかなりし頃には権威があったわけですが、今は言葉として化石化していますね。

　政治の世界に戻りますと、特にSNSの影響力は大きい。例えばオランダの自由党のウィルダース党首は、政党組織づくりを放棄しました。組織をつくると、結局は組織の中での意思決定に時間がかかるし、そこで内部分裂して最後はぐちゃぐちゃになってしまうことがある。それを避けるために、党員は彼一人しかいない。それ以外は一切入れない。

　しかしながら彼は、ツイッターで反イスラム、反EU、反既成政党といった自分の主張を積極的に展開し、現在のフォロワー数は93万人に達します。日本の基準からすると93万人という数は「まあまあ」くらいの感じかもしれません。しかし、人口が1600万人のオランダにおける93万人は、日本であれば700万人ぐらいに相当するような大変な数です。それだけのフォロワーを持っているというのは非常に強力で、選挙活動も基本的にこのフォロワー向けにつぶやくことを通じて行っている。

　議会に自由党の議員はいるのですが、その議員たちは党員ではないので、意思決定はこのウィルダース一人が基本的に行うことができる。いわばオランダの自由党という政党は、「劇団ひとり」をもじれば「政党ひとり」です。しかしながらこの「政党ひとり」は、今年（2017年）の選挙において137万票を獲得しました。党員一人で137万票というのは、おそらく費用対効果としては歴史的なパフォーマンスと言えるでしょう。

2017年総選挙
立憲民主党：既成左派政党と異なり、SNSを介したリベラル無党派層へのアピールに成功

「右対左ではなく、上対下（草の根）」という主張

「組織」より「中抜き」

既成組織や権威による「排除」に抗して？
2017年11月、元SMAP3人が既存メディアや事務所をバイパスして「7400万視聴」
⇒文化・芸能分野も「中抜き」へ

20世紀的なモデルで言えば、私どもがかつて勉強した政治学では「政党は政党組織を備えることが基本」でした。そして「組織をきちんと積み上げることによって、その組織に属した党員たちが、さらに多くの有権者にアクセスできる」というモデルだった。そのモデルが今や、過去のものになっているということを痛感するわけです。

元SMAPがネットTVで高視聴率

2017年の日本の衆議院選挙においても、ある意味では似たようなところがあったと言えると思います。特に立憲民主党においては、既成の左派政党――社民党や共産党――が基本的に組織主導の活動を行ったのに対し、ほとんど組織もないままSNSを介したアピールが中心だった。しかし、それ故にリベラル無党派層への訴えに成功したという面がある。

SNSを活用したといっても、今回、若い人が立憲民主党に多数投票したというわけではありません。ただ、従来の左翼政党や労働組合の活動で中核的に働いてきたような人が今回、立憲民主党の核になったというよりは、政治活動に距離を置いてきた無党派層が立憲民主党を支えたという面は確かにある。だとすれば、枝野氏が言っていたように、もう「右だ」「左だ」という時代ではない。20世紀は右対左だったけれど、現在は上対下で草の根の動きが中心になっている。組織ではなく、中抜きの政治的な動員が、ある程度成功していると言えるのではないでしょうか。

ちなみに小池氏の場合は、SNSを使わないという点ではポピュリスト的なリーダーの中で非常に珍しいところがあったわけですが、「小池対枝野」の戦いにおいて枝野氏が勝利したのは、テレビ対SNSでSNSが勝利したと言ってよいのではないでしょうか。

しかも、このような政治の中抜き状況を頭に置いて最近の芸能界などを見てみますと、実は似たような状況が起きているように思えます。

ご承知のように、元SMAPの3人が大手事務所を離れ、現在かなり自由に活動を始めています。しかし既成のメディア、特にテレビ・ラジオは、大手事務所に配慮してか、全く起用しようとしない。そういう状況になれば、かつてなら

「大衆迎合主義」?

既成メディアは、「大衆」「人民」「人々」に信を置いていないのでは?

←→しかし、メディアが「人々」に批判を向け、むしろ既成の権力を擁護する側に回るのであれば、メディアと「人々」との乖離は決定的になるのでは

ポスト・トゥルースの時代に

「中抜き」に抵抗し、「上から目線」の既成メディアに対する不信が強まるほど、メディア批判を叫ぶポピュリスト指導者が直接個々人に発するメッセージへの共感が高まるのでは?

⇒「自分の気持ちをわかってくれる」と思える存在は、メディアかポピュリスト指導者か

「事務所に干された芸能人」として、もう行き所がなかったわけです。ところが今では大いなる逆襲を果たすことができる。17年11月上旬に、元ＳＭＡＰの3人は既存のメディアや事務所をバイパスし、インターネットの「AbemaTV」で「72時間ホンネテレビ」という生放送番組に主演して、7400万視聴を獲得しました。その番組の中でツイッターやインスタグラム（写真共有アプリ）を開設して100万単位のフォロワーをあっという間に達成していくというのは、もう一部の動きとは到底言えない。

　そういった既存のしがらみ、既存の権威、排除に抗する動きというのが、実は政治においても、文化、芸能分野においても現在、同時進行的に起きているのではないか。衆議院選挙で立憲民主党が出てきたという動きと、この「72時間ホンネテレビ」で元ＳＭＡＰの活動が非常に多くの注目を集めたのは、全くの偶然とは思えません。むしろ現代という時代の変化を如実に反映しているだろうと考えるところであります。そしてまた、その既存の組織、メディア、権威に違和感を持つ多くの視聴者、ファンは、おそらく多くがこちら側に付いただろうと思います。

「大衆迎合主義」という訳語に「上から目線」はないか

　こういった爽やかな笑顔で既存の組織を離れ、しかも多くの人の共感を得るケースがある一方で、気の毒なことに、評判が悪くなってしまった人物もいます。政治の世界では民進党の前原（誠司）前代表、芸能の世界では元ＳＭＡＰの木村拓哉氏です。同じような役回りだと思うのです。2人ともかっこいいリーダーで、かつてはまさにトップを走っていた。ところがこの間の動きにより、イメージが大きく低下しています。政治でも芸能でも、同じような立場の人が出てきているわけです。

　最後になりますが、ここで改めてポピュリズムという言葉が、日本のメディアでは大衆迎合主義と訳されている件に立ち戻ってみたいと思います。これまでお話ししてきましたように、ポピュリズムというのは既存のデモクラシーや国際秩序を脅かす面があるし、その政策が現実離れすることもしばしばある。しかし他方で、既存の秩序や既存の政党、既存の国際的な枠組みに対して違和感を覚えた

り、ないがしろにされたりしていると感じている人々の思いを受け止めている部分もある。その意味で、ポピュリズムを頭から否定的に「大衆迎合主義」と訳してしまうことには抵抗感があります。

メディアが「大衆迎合主義」という言葉を用いるときの発想としては、おそらく「大衆」「人民」「人々」は誤った判断をしかねない存在だ、という思い込みがどこかにあるのではないかと思うのです。つまり、大衆の言うことに従っていたら、それは誤った判断に結び付き、むしろ大衆自身にとっても害を与えるのですよといった、ちょっと「上から目線」的な、お説教的な部分があるように思えます。

どんな政治的判断だって誤りはある。ただ、大衆も間違うけれども、エリートだって間違える。「大衆迎合主義」と訳すのは、大衆の方がエリートより間違えやすい、という前提がどこかにあるように思えてなりません。となると、メディアはやはり人々＝ピープルに対しては批判的です。しかし、メディアが大衆に批判を向け、既成の権力を擁護する側に立つのであれば、メディアとピープルの間の溝というのは決定的になり、メディアはピープルが批判する「エリートの側」として意識されるでしょう。

無視できない「ポスト・トゥルース」の影響力

現在、ご承知のように「ポスト・トゥルース（真実）」の問題が出てきております。私自身は、特に研究者の立場として考えると、意図的につくられたフェイクニュースなどあってはならない。ましてや、それを多くの人が信じるという状況は受け入れ難いものがあります。

他方で、既成のメディアが「自分たちは真実のみを語っている」と自信を持ち、自分たちの語っているトゥルースを聞けば大衆は誤った判断はしないだろう、という形で情報を流していくのであれば、それはまた別の意味で問題だと思うのです。「中抜き現象」が急速に進んでいる中で、既成メディアに対して「上から目線のエリート集団」というイメージを持つ人が増えています。むしろ、「既成メディアは偏った考え方を持っている」と主張するポピュリスト的な指導者が直接、ＳＮＳなどの手段を通じて個人に直接訴え掛ける方が、影響力が強ま

る可能性がある。これはメディアとしても注意しておかなければいけないでしょう。

　ＳＮＳでは「いいね！（I like it）」が使われます。真実であるかどうかは別にして、それを好ましいと思うかどうか、が重要な評価基準なのです。その点でポピュリストリーダーは、真実かどうかはともかくとして「いいね！」「自分の気持ちを分かってくれる」と思わせることに巧みです。それに対し、単なるトゥルースを提示するだけでは、（既存の）メディアは守勢に回る一方で、むしろ基盤がどんどん先細ってしまうのではないでしょうか。若い人が新聞をほとんど読んでいないという現実を考えると、大衆と既成メディアの距離は、広がる一方ではないかと危惧します。

新たな情報革命は「脱近代」の幕開け？

　このようにお話しすると、既存のメディアにはもう未来がない、むしろインターネットを通じて直接やりとりするのが一番いい、という話になってきそうですが、そう単純なものでもない。

　例えばラジオという一見、前時代の遺物という印象のメディアがあります。ところが若い人などと話すと、意外に聴いている。ラジオがインターネットを通じて聴けるようになったということもあります。スマホで作業していても耳は空いていますから、と言うのです。学生から「ラジオを聴いていたら、いきなり水島先生が出てきて驚きました」と言われたことが何回もあります。一方で「新聞に出ていたのを読みました」とはほとんど言われない（笑）。

　一見すると古そうなメディアであっても、この21世紀という時代、新しく再生を図る可能性があるのではないか。捨て去るだけ、新しいものに飛び付くだけでは、おそらく説得力のある伝達はできないだろうと思うわけです。

　2017年は、宗教改革から500年に当たります。宗教改革がなぜうまくいったかというと、その前の世紀、15世紀に発明された活版印刷術、印刷革命を活用したからです。新しい近代の幕開けは、それまで教会に独占されていた情報が庶民に行き渡るようになったことで始まりました。写本を筆写して狭いサークルの中で（のみ）流通していた文字を、活版印刷で広く万人に配布していったことによって宗

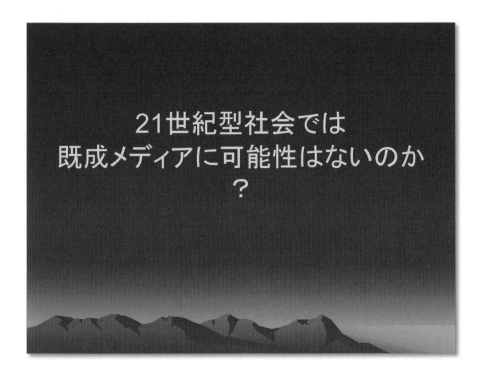

　教改革は成功しました。ルターはドイツ語訳の聖書を作成し、エリート言語だったラテン語ではない、市民層のための聖書を普及させました。このドイツ語を用いる地域が、後にドイツという国を一つのまとまりとして形づくっていくわけです。そういう意味では、メディアにおける大きな変革が近代をつくったと言えるでしょう。

　印刷革命が近代をもたらしたとすれば、現下の情報革命がもたらしているものは、「脱近代」と言えましょうか。そういった大きな変化の中で、メディアの役割を考えていくことも、重要でしょう。

　近代の話に戻れば、印刷革命で多くの人がカトリック教会による知の独占を離れ、いわば知の開放を成し遂げた。つまり、一般の市民であってもドイツ語の聖書を読み、聖書の教えを直接知ることができた。それが宗教改革、プロテスタントへの大きな転換を支えていった。新しいメディアの革命は、より多くの人に知を開放していくことでもあるわけです。

　インターネットの発達というのも、そういう意味で非常に大きなインパクトを

持つでしょうし、それに対応した脱近代の在り方が今後、より明確化していくでしょう。そうした大きな流れの中で、政治にしろ、社会にせよ、あるいは芸能にせよ、どういう変化が出てくるのかということをこれから見ていきたいと思っています。

　日本はグローバルな変化からワンテンポ遅れているところがあって、「何だ、それは」と思うようなことが諸外国で起きているのを、知らないことが少なくない。しかしながら、21世紀が脱近代に向けた大きな転換の時代であるとすれば、失敗に終わる試みも含めて、さまざまな取り組みがメディアにおいても、政治においても、社会的なトレンドにおいても、起きていいのではないか。むしろチャレンジしていくことに未来があると考えています。

　ご清聴ありがとうございました。

第2部

パネルディスカッション

ポピュリズム政治にどう向き合うか
─メディアの在り方を考える─

パネリスト

三浦瑠麗
国際政治学者

津田大介
ジャーナリスト／メディア・アクティビスト

芹川洋一
日本経済新聞社　論説主幹

山田惠資
時事通信社　解説委員長

コーディネーター

松本真由美
東京大学教養学部客員准教授

パネルディスカッション

ポピュリズム政治にどう向き合うか
―メディアの在り方を考える―

1. プレゼンテーション

松本真由美 東京大学教養学部客員准教授（以下「松本」） 皆さん、こんにちは。本日のパネルディスカッションのコーディネーターを務めさせていただきます松本真由美です。先ほど皆さま方に水島（治郎）先生の講演を聞いていただきましたように、欧米先進国ではポピュリズムの政党や政治家が急速に躍進を遂げ、存在感を増している状況です。一方、日本でも、「既成政党は自分たちの考えや利益を代弁していない」と不満を持つ人たちが増えているという状況です。ここからの第2部パネルディスカッションでは、メディアはこうしたポピュリズムの台頭や、既成の政治体制の揺らぎにどう向き合うべきなのか、などについて話し合っていきたいと思います。それではパネリストの方々をご紹介します。東京大学政策ビジョン研究センター講師で国際政治学者の三浦瑠麗さんです。

松本真由美氏

三浦瑠麗 国際政治学者（以下「三浦」） よろしくお願いいたします。本日はお世話になります。

松本 続きまして、日本経済新聞社論説主幹の芹川洋一さんです。

芹川洋一 日本経済新聞社論説主幹（以下「芹川」）　芹川です。よろしくお願いいたします。

松本 私のお隣にいらっしゃいますメディア・アクティビストの津田大介さんです。

津田大介 ジャーナリスト／メディア・アクティビスト（以下「津田」）　よろしくお願いいたします。

松本 最後にメディアの現場で実際の政治の動きを日々見ていらっしゃいます、時事通信社の山田惠資解説委員長です。

山田惠資 時事通信社解説委員長（以下「山田」）　山田です。よろしくお願いいたします。

「グローバルな生活」それとも「ローカルな生活」

松本 ここからの進行ですが、まずパネリスト４人の方にそれぞれ15分程度のプレゼンテーションをしていただきます。その後に、会場の皆さまから事前登録する際にいただいた質問なども交えて、質疑応答で議論を掘り下げていきたいと思っております。

　それでは最初のパネリストの方の発表です。ヨーロッパで吹き荒れたポピュリズムの嵐は今、どうなっているのでしょうか。米国のトランプ大統領の人気は続いているのでしょうか。改めて今、欧州連合（ＥＵ）諸国や米国で何が起きているのかを、国際政治が専門の三浦さんに解説いただきたいと思います。よろしくお願いします。

三浦 ありがとうございます。水島さんの基調講演の中で出てきた「四象限の

表」というのがありましたが、私も若干違うものを本日、お持ちしました。まず、ちょっとした質問をいたしますので、皆さまの頭の中でどういう答えになるかお考えいただきたいと思います。では「問の1」。「あなたはグローバルな生活をしていますか？ それともローカルな生活をしていますか？」。分かりにくければ、どのくらい航空会社のマイレージがたまっているか、ということで考えていただいても結構です。

次いで「問の2」。「政府はもっと分配を重視すべきですか？ それとももっと成長を重視すべき

三浦瑠麗氏

ですか？」。実は既存の政党の力がだんだん弱くなってきているという背景の中には、水島さんのお話にあったように、冷戦の終焉というのもあります。そしてグローバル化というのもありますが、改めて「人々の意思がくまれていない」「（人々の意思が）既存政党の考えに反映されていない」というときに、何を軸に考えたらよいのだろうかということを、「問1」と「問2」の軸にしてみました。

そうすると四象限に分かれます。まず上半分にグローバルに生きている方々がいます。そのうち分配を重視する左側には学者や官僚、リベラル系メディアの人たち、成長を重視する右側は投資家やグローバル企業などに属する経済人が位置付けられると思います。

私は学者ですので左上。しかも、日々触れ合っている方々は官僚であるとか、メディアの方々が多い。多分ここにいらっしゃる皆さんも、いろいろな海外支局におられたりして、あるいは就職した後に海外で生活をしたりして、グローバルとの接点が非常に多い方々なのではないかと思います。この人たちは、実は日々の売り上げを気にしなくていい人たちでもあります。

地方に行って商工会議所などで講演すると、私の話はあまり共感されない。下半分のローカルに生きている象限で生活されていますから、日々の売り上げや従業員に給料を払う、銀行に借金を返していく、といったことを常に考えていらっしゃる。本当に1週間単位で資金繰りに悩んでいるわけです。一方で学者や官僚、リベラル系メディアの人たちに売り上げは関係ないので、どちらかというと

あなたはどこに位置付けられるでしょう？

問い1　あなたはグローバルな生活をしていますか？
　　　　それともローカルに生活をしていますか？

問い2　政府はもっと分配を重視すべきですか？
　　　　それとももっと成長を重視すべきですか？

あなたはどこに位置付けられるでしょう？

```
                グローバルに生きている
                      ↑
         ┌─────────┐  │  ┌─────────┐
         │ 学者、官僚、│  │  │ 投資家、 │
         │ リベラル系メ│  │  │ グローバル企│
         │ ディア    │  │  │ 業など経済人│
         └─────────┘  │  └─────────┘
                      │
  分配重視 ←───────────┼───────────→ 成長重視
                      │
         ┌─────────┐  │  ┌─────────┐
         │ マイノリティ、│  │ ローカル企業│
         │ 労働組合  │  │  │ 経営者、土地│
         │          │  │  │ 持ちの農業従│
         │          │  │  │ 事者など  │
         └─────────┘  │  └─────────┘
                      ↓
                ローカルに生きている
```

分配を重視できる人たちです。重視する事柄が異なるのは当然かもしれません。

同じグローバル志向でも、それらの人たちと対極に置かれているのが投資家やグローバル企業などの経済人です。実は私の配偶者は投資家なので、こちらのコミュニティーとも接点があります。例えば楽天の経営幹部とかです。そういう人たちは、売り上げを重視しなければいけないので、明らかに成長重視になります。

では左下のマイノリティー、労働組合に属する人たちはどうでしょうか。この人たちは分配を重視し、かつローカルに生きている人たちです。ここが実は、一番見失われがちな層と言えます。メディアの紙面にもなかなか出てこない、出てきにくい層、と言ってもよいでしょう。

右下は成長を重視しているけれども、ローカルに生きている人たちです。ローカル企業の経営者や土地持ちの農業従事者の人たちが代表例。水島さんの講演の中では、四象限のうち、右下にトランプ米大統領の支持者が位置付けられていたと思いますが、横軸に「右派対左派」、縦軸に「既成政党志向対ポピュリズム志向」を取っていました。上側が既存政党とかエリート、下側はポピュリズム支持者という話だったと思います。

ローカルに生きている人たちがトランプを支持

実はポピュリズムというのは、グローバル化が進展して以降、反グローバリズム志向を強めた人たちに支持されました。「自分たちはローカルに生きており、この生きざまを重視したい」という考えに重なっているので、右下の象限の人たちがトランプ氏を支持したというのは、全然驚くに当たらない。

では、一番メディアで声が大きい人たち、左上ですね。この人たちは自分たちの対抗馬であり、対立陣営であるトランプ氏の支持者たちをどのように描き出したのか。「白人で無教養、多くの人は肥満していてだらしなく、朝から晩まで酒を飲んでいる」。そして「非常にヘイト（憎しみ）に満ちている負け組の人たち」といったイメージでした。一方、自分たちについては「格好良くて世界中を飛び回り、体形もスレンダー」だと言う。しかし、実際に右下の人たちに会って親しく話をしたことがあるのでしょうか。

米ペンシルベニア州での集会で演説するトランプ氏＝2016年4月25日（ロイター＝共同）

メディアや学者の方々が行くのは、多くの場合、大学街やニューヨーク、ワシントンのような大都市、つまり学術・経済・政治の中心地です。しかし、そうした場所で果たして、暮らし向きが違う人たちと触れ合う機会があるのでしょうか。

右下の層は負け組でもなんでもありません。米国という国は非常に分権的な国で、経済の中心も分権化されています。例えば、製薬業界で強い会社の本社がニューヨークにあるとは限りません。あらゆる州の大きな都市に、いろいろな産業で強みを持つ企業が散らばっているわけです。とすると、「ローカルなお金持ち」という人がかなりいるはずです。この人たちはグローバル、反グローバルという意味ではなく、左上のリベラル系メディアなどに対し、なんとなく反感を抱くこともある。

水島さんの話の中で重要な論点の一つは、二大政党だったり小選挙区だったりするか否かということでした。四つの象限があって、しかも人口比で言えば明らかにローカルに暮らしている人がどの国でも多いので、この中で左上の象限だけ取って小選挙区に勝てるわけがない。つまり小選挙区で勝つには、明らかにこの四つの象限のうち最低2.5の象限を押さえる必要がある。自分がよって立つ象限に加えて、他の象限にも手を伸ばし、二つ以上取れないと選挙には勝てないのです。

米国では伝統的な意味で言えば、経済的に分配重視の民主党と成長重視の共和党といった分かりやすい左右の対立になっていくことになる。けれども現実は、それぞれの党内に「グローバリズムに対して親和的な勢力」と「グローバリズムに対して反感を抱く勢力」を二つ抱え込んでいる。

大統領選におけるトランプ陣営を巡る報道に関しては、日本のメディアも米国のメディアも、実に偏った部分がありました。その原因は右下の象限に属する人

たちを知らないが故に、間違った像を描き出してしまったというのが一つ。私は個人的に彼らとかなり接点があります。もう一つは、民主党が重要な支持基盤の思いをきちんとくみ取れなかったことです。私は、ＮＨＫ・ＢＳ１のロケで左下のマイノリティー、労働組合の取材をしましたが、この人たちは必ずしもヒラリー・クリントン支持ではなかった。むしろ積極的なまでに「反ヒラリー」でした。

　ペンシルベニア辺りの北部産業州の労働組合の人たち、特に2007年以降に入社した人たちの賃金は先輩方の半分に減っていて、強い怒りを抱いていることが地元紙の報道などを読むとよく分かりました。ところが民主党は、この北部産業州の労働組合の思いを軽視してしまった。やったことは何かといえば、選挙戦の終盤になって南部諸州に行き、黒人の大統領であった（バラク・）オバマ氏の力を借りながらノースカロライナ、サウスカロライナでの黒人票の掘り起こしを図った。なぜそうなったのか。全米で民主党が対抗している勢力は人種差別主義者の集まりだというふうに彼らがレッテル貼りをしたからです。確かに人種差別主義者は多くの場合、共和党に含まれています。けれども、本当に人種差別を巡る戦いなのか。実は、かなりシンプルに経済的な「分配重視」と「成長重視」の戦いではないのか、ということが分かってもおかしくなかったはずです。

人々の関心は「自分に対する分配」

　水島さんの表でも、幾つかの国を示し、それぞれに幾つかの政党を分布されていたと思うのですが、私は英国から帰ってきたばかりの日本人学者の講演を聞きながら、こういうことなのではないかと考えて、この表を作りました。これまで米国を対象に話しましたが、日本を描くとどうなるのでしょうか。

　実は日本では、ほとんどの方がローカルに生きています。確かに学者や官僚、メディアの方々の中には、グローバルに生きている人もいないわけではありません。しかし、大都市、例えば都議選の投票を見ても、有権者のほとんどはローカルに生きていると言わざるを得ない行動を取りました。だからほとんどの人は、成長ではなく分配重視になっています。なぜそういうことが起こるのかというと、日本は超少子高齢化社会で、ほとんどの有権者が高齢者だからです。

売り上げを気にしなくていい人が、「財産の多寡はともかくとして分配重視になる」と最初に申し上げましたが、実は、年金生活に入ると分配が気になるのです。人口ピラミッドのいびつ化が、人々の投票行動の結果に大きな影響を与えてしまいます。小池百合子東京都知事をはじめとして、私の表では全ての人たちがぐしゃっと左下にいる、というのが日本の現実ではないかとの印象を持っています。

　とすると、人々はポピュリズムとか反グローバリズムとかをさほど意識していない。「分配を重視するべきだ」と言っても、各政党の政策全体を検討して選ぶ人は少ないのではないか。自分に対する年金の給付額とかを考えて選択するのではないか。とすれば、問題は既存の政党がきちんと「マイナスの分配」をやろうとしたときに起こります。

　これから国家財政がますます厳しくなっていく中で、人々の主要な関心が自分に対する分配であるとすれば、自分の郊外の一軒家の土地を半分切り離し、土地を持っていない貧困層の人にあげましょう、ということにはならないでしょう。

　これからパネルディスカッションの議論はどんどんポピュリズム全体の話になっていくと思いますが、既存の政党が磨き上げてきた「分配と成長の良いバランスを取りましょう」というような、今までのやりとりの結果は反映されず、ポピュリズム嗜好(しこう)がそのまま直接ポリシーに出てしまったとき、それは実に危険なことなのではないかと思っています。「足して2で割る」ことが好まれない社会が到来したとき、かなり大きな課題がのしかかってきます。私の発表はこのくらいにして、マイクをお譲りしたいと思います。

明治以降に世の中を動かした各種メディア

松本　続きまして、日本経済新聞社論説主幹の芹川さんにお話しいただきたいと思います。芹川さんは最近、東京大学出版会から共著で『政治を動かすメディア』を出版されています。これまで政治の世界で「プレーヤー」の一角を担ってきたラジオやテレビ、新聞といったメディアが、ポピュリズムの動きとどう向き合ってきたのかという、お話をいただきたいと思います。よろしくお願いいたします。

芹川　芹川でございます。よろしくお願いします。お手元にレジュメも配られているかと思いますので、それを見ながら話を聞いていただきたいと思います。

「デモクラシーとメディア」という話を、最初にしたいと思います。先ほど水島さんがグーテンベルクの

芹川洋一氏

活版印刷や（ルターの）宗教改革の話をされましたが、メディアを通じて情報がどういうふうに流れていくかを考えますと、日本の政治史では「明治デモクラシー」をまず挙げなければならない。これは東大名誉教授で近代日本政治史が専攻の坂野潤治先生のネーミングなのですが、いわゆる自由民権運動のことです。自由民権運動というのが何で広がったかと申しますと、これは新聞ですね。福沢諭吉が「時事新報」を創刊したのが1882年（明治15年）です。「明治14年の政変」の次の年でした。

新聞で自由民権運動が広がり、大正になりますといわゆる「大正デモクラシー」が起きる。こちらは雑誌が大きな役割を果たしたと言ってよいと思います。皆さんご承知の通り、「中央公論」1916年1月号に載った吉野作造の論文があります。「憲政の本義を説いて〜」という有名な論文ですね。これが大正デモクラシーを動かしたきっかけになったものだと思います。

その後の戦後の民主主義を考えても、岩波書店の「世界」が引っぱるんですかね。丸山真男の論文が掲載されています。60年安保から70年安保の頃には、ある種の若者ファッションで「朝日ジャーナル」を買って小脇に抱えていたりしました。「少年マガジン」とか「少年サンデー」と同じ価格で30円だったように記憶しています。80年代には保守系オピニオン誌が出て、これが世の中を動かしたのだと思います。

しかし今や、「論壇」というのはほとんどない。新聞は月に1度、「論壇時評」みたいなことをやっていますが、残念ながらほとんど影響力がないようです。い

ポピュリズム政治にどう向き合うか
―メディアの在り方を考える―
～ポピュリズムとメディア～
2017年11月29日　日本経済新聞・芹川洋一

❶《デモクラシーとメディア》
★「明治デモクラシー」「昭和デモクラシー」は坂野潤治氏による

| 明治 デモクラシー 新聞 | 大正 デモクラシー 雑誌 | 昭和 デモクラシー ラジオ | 戦後 デモクラシー テレビ | 平成 デモクラシー ネット |

©serikawa

《総合誌が世の中を動かした時代があった》

大正デモクラシー
中央公論1916年1月号　吉野作造
「憲政の本義を説いて其有終の美を済すの途を論ず」

↓

戦後民主主義　世界・中央公論（丸山眞男ら）

↓

60年安保～現代の眼・朝日ジャーナル
80年代保守系オピニオン誌「諸君！」「正論」「Voice」

↓

論壇の終焉

©serikawa

> 《ラジオの時代》
> ―1925年開始―
>
> **ラジオを使った浜口首相**
> - 29年8月浜口雄幸首相が初の政策放送
> - 30年10月ロンドン海軍軍縮条約について浜口が日米英を結ぶ国際実況放送で演説
>
> **戦争はラジオから流れて来た**
> - 31年9月19日午前6時半、初めて臨時ニュースが流れ、満州事変の勃発を伝える
> - 41年12月8日「臨時ニュースを申し上げます。臨時ニュースを申し上げます。大本営陸海軍部、12月8日午前6時発表。帝国陸海軍は、本8日未明、西太平洋においてアメリカ・イギリス軍と戦闘状態に入れり」
>
> **戦後はラジオで始まった**
> - 45年8月15日「朕深く世界の大勢と帝国の現状とに鑑み……堪へ難きを堪へ、忍ひ難きを忍ひ……」
> - もう一つの玉音放送＝46年5月24日「食糧問題に関するお言葉」← 同5月「米よこせデモ」
>
> ©serikawa

ろいろ言うのはやめておきますが、活字が政治を動かした時代がありました。

その次はラジオです。調べてみましたら、浜口雄幸が最初にラジオを使っているようなのです。29年の政策放送です。これ坂野先生のネーミングに倣いますと「昭和デモクラシーの時代」と言っていいと思います。その後、ロンドン軍縮条約について、なんと日米英で同時に国際実況放送をやったといいます。「戦争はラジオから流れてきた」とレジュメに書いていますが、ラジオの臨時ニュースは満州事変の勃発を伝えたのが最初らしい。41年の12月8日には、耳に残っています「臨時ニュースを申し上げます。臨時ニュースを申し上げます」というのがありました。そして45年8月15日の「堪へ難きを堪へ、忍び難きを忍ひ」というところへ来る。要するにラジオで動いた時代があったということだと思います。

そしてテレビの時代がやってくる。53年に放送が始まりまして、60年には浅沼（稲次郎）さんの事件がございました。60年代には「総理に聞く」とか「総理と語る」という番組が始まりました。62年の参院選ではＮＨＫ番組「私の秘密」で人気があった藤原あきさんが全国区でトップ当選する。そして68年の参院選では石原慎太郎さん、青島幸男さん、横山ノックさんといったタレント候補が大量当

《テレビの時代・前史》

- 53年放送開始 ⇒ 59年皇太子成婚パレード、60年浅沼刺殺
- 61年NHK「総理に聞く」民放「総理と語る」毎月交互定例化
- 62年NHK「私の秘密」出演者 藤原あき 参院全国区トップ当選
- 67年TBSニュースコープ「ハノイ田英夫の証言」68年TBS成田事件
- 68年参院選全国区「タレント候補」大量当選 石原慎太郎、今東光、青島ノックら
- 72年佐藤栄作首相退陣会見 「NHKはどこにいる。新聞記者は出て行ってくれ」
- 76年三木武夫首相「総理に聞く」などテレビで三木おろしに対抗
- 79年「40日抗争」ENG威力発揮、大平首相と番記者やりとり

《テレビで政治が動く》

政治コンテンツ
- 57年～94年「国会討論会」⇒「日曜討論」(NHK)
- 89年～2010年「サンデー・プロジェクト」(テレビ朝日)
- 92年～08年「報道2001」⇒「新報道2001」(フジテレビ)

ニュース発信
- とくにサンプロ。田原総一朗による「政治ショー」
- テレビカメラの前で本音を語り出した政治家（YKKが最初の例91/8/18)。記者懇談以上の発言飛び出す

政局に影響
- 無視できなくなった新聞。月曜付朝刊に政治家発言
- テレビ出演を意識した行動、国会はテレビ討論を前にした週末に止まり週明けに起きるケースも（金融国会）

ポピュリズム政治にどう向き合うか―メディアの在り方を考える―

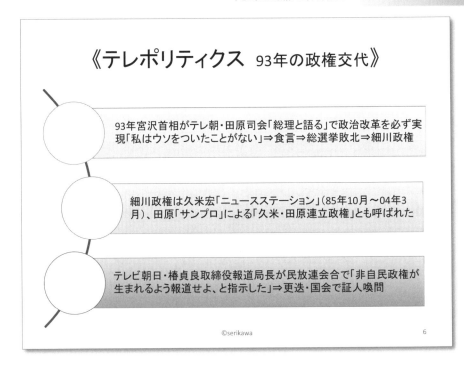

選した。72年には「新聞記者は出て行ってくれ」といった佐藤栄作首相の退陣会見もありました。また76年には三木武夫さんが「三木おろし」にテレビで対抗したとか、そういうことがありました。これがテレビの時代の前史と言っていいと思います。

　続いてテレビで政治が本格的に動きだす時代が来ます。多分その転機になっているのが、91年8月の「YKK」です。山崎拓さん、加藤紘一さん、小泉純一郎さんがテレビに出て、そこで海部（俊樹）さんの批判をやる。ここら辺りから本格的にテレビでの発言が政局に影響を及ぼす時代が来まして、テレビで政治が動くようになる。とりわけ日曜日の朝に政治番組が三つ、NHKとフジテレビ、テレビ朝日でした。「日曜朝に政治が動く」という言われ方をしたものです。

　その次は、いわゆる「テレポリティクス」といわれた時代、93年です。政権が交代し細川（護熙）さんの時代が来ます。細川政権が誕生した時には、やはりテレビによって政治が動いたと言われました。もう20年以上前ですが、記憶にある方も多いと思います。テレビ朝日の椿貞良取締役報道局長の発言が物議をかもしたこともありました。

《ネットが背中を押した「加藤の乱」》
★2000年・日本でネットが権力闘争に絡んだ初めての例

11月9日夜会合・加藤「森首相の手では内閣改造はやらせない」
↓
翌10日「内閣不信任案の採決に欠席もありうる」
↓
応援メール殺到 3000通/日⇒不信任案採決20日HPアクセス10万件超
↓
加藤「ネットを通じて民意が具体的に現れた最初の現象」
↓
野中幹事長（当時）「加藤さんはインターネットに狂わされた」

---

❷ポピュリズムを呼びおこす道具としてのメディア
《ポピュリズムとは何か①》

★政治学事典（弘文堂）「広義には、近代化や資本主義の弊害に対して小ブルジュアあるいは旧中間層を中心に展開された、どちらかといえばエモーショナルな反体制イデオロギーあるいは運動を指す」

―19世紀末の米国で西部の農民層が地位向上に向けて「人民党」をつくり2大政党制に挑戦した社会改革運動や、19世紀後半にロシアでツー体制の打倒をめざして農村を拠点に繰り広げられた社会主義運動のナロードニキ運動が具体例

★ ヤン＝ヴェルナー・ミュラー『ポピュリズムとは何か』（岩波書店）7つのテーゼ
①代議政治の永続的な影
②反エリート主義であり、反多元主義
③人民の意志としての共通善を代表すると主張
④レファレンダム（国民投票・住民投票）を要求
⑤彼らだけが人民を代表するという自らの基本的な約束に沿って統治
⑥ポピュリストは民主主義にとって真に脅威だということゆえに批判されるべき
⑦ポピュリズムは自由民主主義の擁護者に現代における代議制の失敗についてより真剣に考えることを強いる

> ### 《ポピュリズムとは何か②》
> 〔参考〕水島治郎『ポピュリズムとは何か』(中公新書)
>
> ★ポピュリズムとは
> ▼「人民」の立場から既成政治やエリートを批判する政治運動
> ――民衆の参加を通じて「よりよき政治」をめざす「下」からの運動
> ――既成の制度やルールに守られたエリート層の支配を打破し、直接民主主義によって人々の意思の実現を志向
> ――民主的手段を用いて既存のデモクラシーの問題を一挙に解決することをめざす急進的な改革運動
>
> ▽「固定的な支持基盤を超え、幅広く国民に直接訴える政治スタイルをポピュリズムととらえる」のが政治学者の大嶽秀夫や吉田徹ら
>
> ©serikawa　　　9

　そして、いよいよインターネットが登場する。「平成デモクラシー」と言ったらオーバーかもしれませんが、今はネットで政治が動いているように思います。その契機になったのは、私の知る範囲では2000年の加藤紘一さんの「加藤の乱」ではないでしょうか。森（喜朗）内閣の不信任案に、加藤さんが賛成するとかしないとか大騒ぎになった。ネットのはしりの頃ですが、加藤さんのホームページに応援のメールが殺到しました。加藤さんがそれに乗ったと言ったら言い過ぎかもしれませんが、背中を押したのではないでしょうか。当時の自民党の野中（広務）幹事長が「加藤さんはインターネットに狂わされた」という言い方をしています。ともあれ、ネットが大きな影響力を及ぼす時代が来たということだったと思います。

ラジオの近衛、テレビの小泉、ツイッターの橋下

　そこで本日のメインテーマである「ポピュリズム」に触れたいと思います。ポピュリズムとは何かということで水島さんの基調講演がありました。水島さんの

《ポピュリズムとは何か③》
［参考］吉田徹『ポピュリズムを考える』(NHKブックス)

★ポピュリズムとは
　――既存の権力のありかを非難し、その価値体系を丸ごとひっくり返そうとする「否定の政治」

〔特徴〕
① イデオロギーであると同時に、政治運動の形態をとる
② 地理的、歴史的条件を超えて、繰り返し生起する
③ 人々の心理がポピュリズムの大きな原動力となっている
④ 「反資本主義」「反エリート」など何かを否定する「アンチ」の思想
⑤ 従属的な立場に置かれた貧しい「人民」の意識を鼓舞することで起こる
⑥ ナショナリズム、社会主義、農本主義などより上位の政治体制やイデオロギーに回収される。ポピュリズムは一時的な運動である

――様々なシンボルをまとめあげ、様々なイデオロギーの文脈に位置づけられる融通無碍な政治スタイル

《ポピュリズム訳はなぜ「大衆迎合主義」か》
日経テレコンで記事検索してみると～

80～90年代はほとんど「人民主義」「大衆主義」の訳
大衆迎合主義の訳＝90年12月読売、95年7月産経の記事のみ

渡邉恒雄著『ポピュリズム批判』(1999年刊)転機か。90代後半、訳が混在
「迎合」によって負のイメージ、政治的マイナス・シンボルに

2001年小泉内閣発足後、「大衆迎合主義」の訳が定着

《ラジオ時代のポピュリスト＝近衛文麿》

[参考]筒井清忠『近衛文麿 教養主義的ポピュリストの悲劇』(岩波現代文庫)
▼古川隆久『近衛文麿』(吉川弘文館)「近衛をポピュリスト、人気取り政治家という(中略)通説は見直されるべきものである」との指摘も

「近衛人気」イメージの形成
- 「モダン性」(都会の大衆)＝スターとしての近衛　ファミリー・ゴルフ・社会主義
- 「復古性」(農村の保守層)＝古美術・ナショナリズム　アジア主義・家柄

メディアの役割
- ラジオ放送＝37年6月4日組閣当夜「全国民に告ぐ」・7月27日特別議会開会「政府の所信」～～
- レコード＝ラジオ中継した9月11日国民精神総動員大演説会「大獅子吼演説　時局に処する国民の覚悟」
- 37年9月内閣情報部設置　⇒「愛国行進曲」発表

受容層
- 女性人気＝「青年宰相」・美丈夫・ビジュアル性
- インテリ人気＝教養主義の時代
- 大衆人気＝相撲(双葉山)・大衆雑誌「キング」等投稿

©serikawa

　ポピュリズムの定義を私流に解釈させていただきますと「下からの運動」ということになると思います。これに対し、われわれメディアの人間は、ポピュリズムを「上からの誘導」として捉えることが多い。政治指導者が人気取りでやっているような点に着目して「大衆迎合主義」と呼ぶわけです。

　水島さんの指摘のように、それで本当にいいのかとは思いますが、やや異なる立場からの話をさせていただきたい。それは吉田徹さんという北海道大学の先生がおっしゃっている「ポピュリズムというのは否定の政治だ」という、もう一つの視点です。「否定の政治」というと、価値体系を丸ごとひっくり返そうとするような動きです。

　「大衆迎合主義」という訳については、日経テレコンという検索サイトで記事検索をしますと、1980年代、90年代はほとんど「人民主義」とか「大衆主義」とかそういう訳です。それが90年代の後半から2000年代になりますと「大衆迎合主義」という訳が定着するようになる。どうもきっかけは渡邉恒雄さんの『ポピュリズム批判』(博文館新社)という本です。渡邉さんが書いた社説をまとめた本ですが、この辺りから「大衆迎合主義」的な訳が始まっているように思えます。

《テレビ時代のポピュリスト＝小泉純一郎》

[参考]大嶽秀夫『小泉純一郎ポピュリズムの研究』(東洋経済新報社)

劇場型政治

- 善悪二元論・抵抗勢力＝政治は利害調整、課題達成でなく道徳次元の争いに還元
- 勧善懲悪ドラマとして演出 ⇒ ワイドショー政治

ワンフレーズ政治

- 番記者とのぶら下がり
- 新聞の見出しやテレビCM15秒以内の発言
- サウンド・バイト（短く印象的フレーズ）

©serikawa

《ネット時代のポピュリスト＝橋下徹》

[参考]真柄昭宏『ツイッターを持った橋下徹は小泉純一郎を超える』(講談社)

©serikawa

《橋下ツイッターの例》

[参考]渡邉恒雄『反ポピュリズム論』(新潮新書)

橋下が選挙で有権者に求めるのは「白紙委任」としているが、ヒトラーに似て「非常に危険な兆候」――渡邉恒雄が月刊誌の寄稿文で懸念示す

橋下はツイッターで「ヒトラーとダブらせているのは論理の飛躍」「日本ではメディアの力で権力は倒される」「渡邉氏の方が堂々たる独裁」と激しく反論

©serikawa

　「否定の政治」としてポピュリズムについて言えば、「ラジオ時代のポピュリスト」は近衛文麿でしょう。ラジオを使って、ポピュリスト的な人気取りを実践したと書いた書籍があります。次にやってきたテレビの時代のポピュリストといえば、やはり小泉純一郎さんでしょう。小泉さんの「劇場型、ワンフレーズ」というのは、まさにポピュリズム的なやり方です。それにわれわれメディアも踊った。

　ネットの時代は、先ほど水島さんのお話にもありましたが、橋下徹という人が注目に値します。ある意味先駆的で、トランプさんよりもかなり先に登場した。このためトランプさんが現れた時には、非常に既視感がありました。では橋下さんが具体的にどういうことをやったのか。時間がないので詳しくは省略させていただきますが、渡邉恒雄さんの本によりますと、橋下さんがツイッターで渡邉さんと激しくやりあった件が出てきます。ラジオの近衛、テレビの小泉、ツイッターの橋下と捉えてよいのではないかと思っています。

　では今はどうか。われわれメディアは、ネットが出てくる前は政党および政治家のいろいろな情報を、ある種のろ過装置となって有権者に伝えていました。そ

❸《ネットが変えた情報の流れ》

直接発信・双方向
- ★ホームページHP
- ★メールマガジン

ネット
《情報回路の変容》
- ★ブログ
- ★フェイスブックFB
- ★ツイッターTW

ネット前
政治家・政党 → マスメディア → 有権者

マスメディアけん制
- ▼安倍フェイスブック
- ▼橋下ツイッター

ネット
《メディア環境の変容》
- ▼「マスゴミ」批判
- ▼「2ちゃんねる」

《トランプ現象はソーシャルメディアから始まった》

[参考]トランプ・ツイッターのフォロワーは
16年11月の大統領選当時1500万を超え、現在4100万以上

物議をかもすツイート → マスメディア説明求める → テレビラジオ出演 → フェイスブック映像掲載 → 「いいね」「シェア」拡散 → （循環）

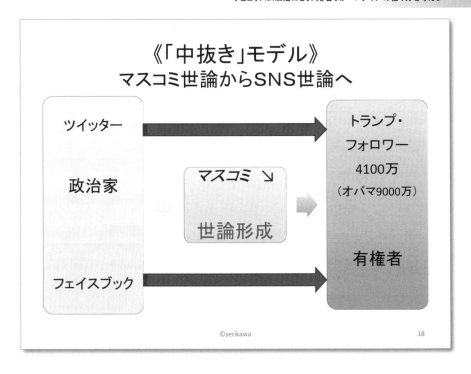

れが今や、政党や政治家から直接、有権者に伝えられ、またフィードバックするようになっている。政党や政治家がマスメディア批判をし、有権者もそれに同調するという新しい情報の流れが出てきた。

　「トランプ現象」はソーシャルメディアから始まったとよく言われます。私は直接取材しておりませんが、わが社のワシントン駐在記者らに聞きますと、トランプ氏が物議をかもすツイートをして、それをマスメディアが取り上げることで拡散してゆく。大統領選挙当時はフォロワーが1500万から1600万くらいだったのが、今は4100万の「トランプ・フォロワー」がいると言われているそうです。くしくも水島さんと同じ表現になりますが、「中抜きモデル」ということが言えると思います。

　政治家と有権者の間にマスコミが入って世論を形成していたのが、政治家によるツイッターとかフェイスブックによって、直接的に世論がつくられていく。ちょっとオーバーかもしれませんが「マスコミ世論からＳＮＳ（会員制交流サイト）世論へ」みたいな、われわれとしてはじくじたるものが、出来つつあるのではないでしょうか。

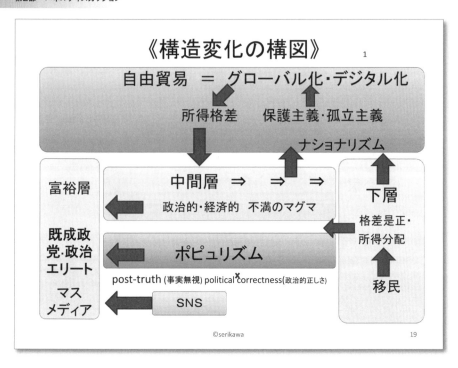

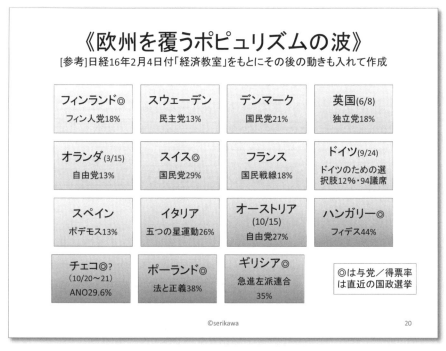

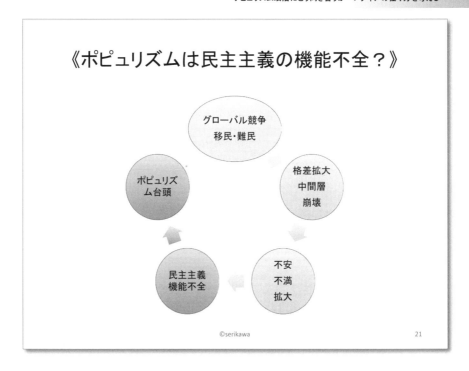

グローバル化と民主主義、国家主権はトリレンマ

　構造変化と申しますか、グローバル化というものがあって、その影響で所得格差が広がって中間層が没落し、下層に落ちていく。一方で、ヨーロッパでは下の方から移民・難民が突き上げて、その不満が既成政党とか政治エリート、マスメディアに向けられる。そういう構図になっているのではないかと見ています。ややオーバーかもしれませんが、ポピュリズムというのは「民主主義の機能不全」と言っていいのかもしれません。グローバル競争や移民・難民があって、格差が拡大し、不安や不満が増大して民主主義がうまく回らないということでポピュリズムが出てきたのだと思います。

　ただ、どうもそれだけではうまく説明できないなと思っていたら、ハーバード大の、今はプリンストンの先生で（ダニ・）ロドリックという人が、こういうことをおっしゃっている。つまり「グローバル化と民主主義と国家主権はトリレンマだ」と。三つは同時には成り立たないというのです。そういう流れの中でポピュリズムが起こってきているという見方になります。国家主義と民主主義の対立

《グローバル化―主権―民主主義のトリレンマ》

「世界経済の政治的トリレンマ」＝①グローバリゼーション②国家主権③民主主義の3つを同時に達成することができず、どれか一つは犠牲になるというダニ・ロドリック教授 の説。

グローバル化
（人とカネの自由な移動）

国家主権
（国家の自立・独立）

民主主義
（個人の平等）

---

❹まとめ

《なぜ日本では「下から」のポピュリズムが広がらないのか》

グローバル化	・日本はなお閉ざされた社会。日本語の壁 ・移民・難民受け入れず。グローバル化進まず
経済社会格差	・生活満足度、17年73.9％で過去最高（57年調査以降で） ・完全失業率2.8％、有効求人倍率1.52倍（74年以来の高水準）
情報インフラ	・活字離れ進むも宅配制度でなお新聞の影響力大 ・テレビも地上波・BSが無料で視聴可

というと、まさに中国がそうですね。解決策として国家主義が民主主義を抑え込んでいる。そして国家主権と民主主義でグローバル化に対抗するのがトランプ氏のポピュリズムということになる。

18世紀の末から19世紀にかけて「第1次グローバル化」が起きた。第1次世界大戦まで続くわけですが、そのときにもポピュリズムがやはり起こってくる。続いて20世紀末から21世紀の現在にかけて「第2次グローバル化」といわれている時代がやってきて、やはりポピュリズムが出てきている。そういうことも含めてパネルディスカッションで、他のパネリストの方にもお考えいただけるとありがたいと思っております。問題提起です。

最後になりますが、なぜ日本では「下からのポピュリズム」が広がらないのか。おそらく日本は、欧米ほどグローバル化が進んでいないからではないかと思います。いわば外に対して閉ざされたような社会ですし、移民・難民もほとんど受け入れておりません。ですからグローバル化が進んでいない。もう一つ、経済格差も欧米ほど広がっていない。生活満足度調査というのがありまして、今年（2017年）の調査では何と73.9％が現状の生活に満足している。1957年の調査開始以来、最高に高い数値なのです。景気が良くないといいながらも生活満足度は高い。完全失業率は2.8％、有効求人倍率は1.52ということで、ほとんど完全雇用状態です。特に若い人の雇用がすごくいい。そういうことも一つの要因としてあるのではないかと思います。

手前みそになりますが、「情報インフラ」で言うと、日本の場合は新聞の影響力が米国に比べるとまだ残っている。購読者数は落ちていますが、宅配制度のおかげもあり、新聞の影響力はまだそこそこある。米国のテレビは有線でお金が掛かるが、日本には地上波、ＢＳがあって無料で見られる。つまり、日本はまだ情報インフラがしっかりしていると言えるのではないかと思っております。

4列化していると同時に4層化

今回の衆議院選挙にも触れておきたい。「小池さんの失敗、枝野さんの成功」とメディアは評している。小池さんはテレビによる敗北であり、枝野さんはＳＮＳによる勝利だという解説もできる。小池さんは小泉型のワンフレーズ劇場型で

《小池の失敗・枝野の成功》
テレビによる敗北・SNSによる勝利

小池 失敗
- 公約・候補者＝ずさんなポピュリズム政治
- テレビ政治＝劇場型・ワンフレーズで敵役
- 新聞、テレビコメンテーターが一斉批判

枝野 成功
- アンダードッグ効果＝判官びいき
- SNS政治＝いもづる型ネットワーク・拡散
- 左翼リベラルの危機感

©serikawa

《4列化する政治メディア》
3列化（星浩・逢坂巌『テレビ政治』）＋第4列（ネット）

第1列
- 新聞・通信・NHK・民放などの政治部記者
- 記者クラブに所属、日常的・網羅的に報道

第2列
- 硬派の政治ニュースを伝えるメディア
- 文藝春秋・週刊文春・週刊新潮・テレビ討論番組

第3列
- スポーツ紙・芸能週刊誌・ワイドショー
- 通常は関心ないが、出来事によって政治に関心

第4列
- ブログ、フェイスブック、ツイッター
- 政治家自身が発信。個人が発信。政治家と個人が直接つながる

©serikawa

も、非常にずさんなポピュリズム型の政策だったためメディアが批判し、テレビのコメンテーターも一斉に批判しました。排除発言もテレビなどで大きく取り上げられ傷を深くした。一方で枝野さんは、左翼リベラル派の人たちの危機感もあり、SNSを使った情報拡散が奏功したと言えるでしょう。

　もう一つ申し上げたいのが、政治メディアは「4列化」しているということです。これは朝日新聞の星浩さんと逢坂巌さんが書いた『テレビ政治』（朝日選書）という本に出てくる「政治メディアというのは3列」だとの主張の拡張版です。1列目に新聞・通信、2列目に硬派の政治ニュースを伝えるメディアがあって、3列目はスポーツ紙やテレビのワイドショーといった軟派系が並ぶというものです。10年以上前に書かれた本で、最近ではこれに4列目として、ブログやツイッターといったネットメディアが加わったと思っています。しかも、これがポイントだと思っているのですが、4列化していると同時に「4層化」している。

　全国紙も読み比べれば分かる通り——新聞の名前を言うのは差し控えますが——立場が全然違ってきている。雑誌も週刊誌の立ち位置がなかなか微妙ですし、テレビは報道番組とワイドショーとではかなり違いが出る。ネットは元々が多様な世界です。このように4層化して多様化しているという点において、日本の民主主義はある意味でチェックが利いていると言えるのではないでしょうか。

　われわれメディアにいる人間がポピュリズム政治に流されないためにはどうすればよいのか。リアリズム（現実主義）で冷徹に現実を直視し、特定の立場やイデオロギーにとらわれないようにすべきで、本当にそんなことが可能なのかと、きちんと検証して伝えていくことが大切だと思います。それと、言論の自由など、自由を重視する「リベラリズム（自由主義）」の精神も忘れてはいけない。一方的な主張に距離を置く政治的な寛容、バランスも重要だと思います。そういうことを、われわれは心してやっていかなければいけない。以上で取りあえず私の話は終わりにさせていただきます。

マスメディア並みの影響力をネットが持った

松本　続きまして、メディア・アクティビストの津田大介さんにお願いしたいと思います。ポピュリズムとインターネットメディアについてお話をいただきま

《4層化＆多様化するメディア》

- **第1層**: 新聞＝全国紙（朝日-毎日-読売-産経-日経）；地方紙
- **第2層**: 雑誌＝週刊誌(週刊文春・週刊新潮など)；月刊誌(文藝春秋など)
- **第3層**: テレビ＝報道番組ーワイドショー
  NHK-日本テレビ-テレビ朝日-TBS-フジテレビ-テレビ東京　＋BS　＋CS
- **第4層**: ネット＝ブログ、FB、ツイッター。[フェイク(偽)ニュース]

《メディアに求められるもの》
ポピュリズム政治を抑止するために
政治のプレーヤーとしての自覚

リアリズム（現実主義）

- 冷徹に現実を直視する精神。特定の立場やイデオロギーにとらわれず、実現可能性を追求し、将来を見すえる
- 本当にできるの？　そんなことしたらその先に何がおこるの？

リベラリズム（自由主義）

- 当たり前だが、言論の自由など自由を重視する精神を忘れずに
- 攻撃対象を批判して否定にかかるのにくみせずバランスを
- 一方的主張に距離を。政治的な寛容さ

略歴

芹川洋一（せりかわ・よういち）　日本経済新聞 論説主幹

《略歴》1950年熊本県生まれ。69年県立熊本高校卒。
75年東京大学法学部政治コース卒、
76年同公法コース卒、新聞研究所修了。
同年日本経済新聞社入社、静岡支局配属。
79年から2005年まで政治部に所属し、次長、編集委員、部長。
編集局次長兼論説委員のあと06年から08年まで大阪本社編集局長。
11年から論説委員長、16年から論説主幹。　日本政治・憲法・メディア論

《主な著書》
▼『憲法改革 21世紀日本の見取図』（日本経済新聞社2000年）
▼『メディアと政治』（蒲島郁夫、竹下俊郎共著；有斐閣07年／10年改訂版）
▼『政治をみる眼 24の経験則』（日経プレミアシリーズ08年）
▼『日本政治 ひざ打ち問答』（御厨貴共著；日経プレミアシリーズ14年）
▼『政治が危ない』（御厨貴共著；日経出版社16年）
▼『政治を動かすメディア』（佐々木毅共著；東京大学出版会17年5月）

©serikawa

す。よろしくお願いいたします。

津田　よろしくお願いします。普段は大体1時間ぐらい話すのですが、本日は15分しかないので、さくさく行きます。まず一番大きく変わったというのは、芹川さんのお話にもありましたが、インターネットがマスメディア並みの影響力を持ち始めているということだと思います。

　テレビはかつて「視聴率1％で100万人」なんていうふうにいわれていました。ニュース番組で15％を取る番組なら1500万人に届くわけです。ラジオはそれに比べると少ない。新聞はいまだに大きな影響力がある。そして雑誌ですが、一番売れていた時は「週刊現代」（講談社）が150万部ぐらいありました。1990年代です。しかし今は、一番売れている「週刊文春」（文藝春秋）でも40万部を切るかどうかだという。ただ、通常は40万部であっても、スクープを飛ばすとテレビが取り上げるので、実態として40万部以上の影響力を持っているとも言えます。

　そこで「週刊文春」とか「週刊新潮」（新潮社）はテレビに対し、番組で取り上げたら使用料を取るという新しい商売を始めています。余談ですが、「週刊新

ポピュリズムとソーシャルメディア

ジャーナリスト / メディア・アクティビスト
津田大介（@tsuda）

2017.11.29
@新聞通信調査会シンポジウム

マスメディアの情報を届ける速度：人数

- ▶テレビ
  - ➢瞬時：数百万～数千万人
    （視聴率１％＝１００万人）
- ▶ラジオ
  - ➢瞬時：数十万～数百万人
- ▶新聞
  - ➢半日：数十万～一千万人弱
- ▶雑誌
  - ➢1週間：数十万人

潮」の「このハゲ〜」という件がありました。あれは1局1番組から5万円取ったそうです。そんなバブルのような話もあって、ビジネスモデルも変わってきている。

津田大介氏

一方でブログは、自分で見に行かなければならない。テレビとか新聞はパッシブなメディアなのです。購読すれば自然に届く。テレビであればラーメン屋さんに入っても見ることができる。これに対しブログは、自分で検索しないと見られないわけです。ちなみに日本で一番見られているブログってなんだろうと思って調べてみたら、(タレントの)上地雄輔さんがギネス記録を持っていて、1日23万人が見ているそうです。でも逆に言うと、この数字でギネス記録になるわけです。自分から見にいくようなものは、なかなか(テレビや新聞に)届かない。動画なんかもそうです。

ただ、日本で一番見られている媒体はなんだろうと思ったら「ヤフーニュース」なんです。大体7千万人が見ていますし、ヤフーニュースで配信されたものがツイッターで拡散されていく。かつてネットというのは、せいぜい数万、数十万が検索する程度。自分で情報を引っ張ってこないと入手できないメディアでしたが、今や、新聞やテレビのように放っておいても(情報が)入ってくるようなメディアに変わった。これがネットメディアの影響力が増している背景にあります。

ちなみに今、スマートフォンを使われている方はどれくらいいらっしゃいますか？ 挙手していただいたのは会場の大体半分ぐらいですね。他の会場だと9割とかになるので、やっぱりここはちょっと違うのかなという感じもしますが、それでも高齢層が高い割に多くなったと思います。

東日本大震災の発生時にスマホの契約者数は1千万人に届いていなかった。ツイッターのアクティブユーザーは670万人しかいなかった。これが最新のデータだと、スマホの契約で8100万、2台持ちの人とか3台持ちの人とかもいるので、実際にはもうちょっと少ないでしょう。けれども、実質2人に1人はスマホを持っている。そして何よりツイッターを4500万人が利用しています。これは幽霊会

ネットの情報を届ける速度：人数

- ▶ ブログ
  - ➢ 随時：数十万人～数百万人
    （上地雄輔のギネス記録：一日23万人）
- ▶ 動画
  - ➢ 瞬時～随時：数千～十万
- ▶ ヤフーニュース
  - ➢ 瞬時：数百～数千万人＋α
- ▶ ツイッター
  - ➢ 瞬時：数百～数千万人＋α

この6年で大きく変わった情報環境

- ▶ 東日本大震災発生時（2011年3月11日時点）
  - ➢ 国内スマートホン契約者数
    - 955万人　日本人13人に1人
  - ➢ 国内Twitterアクティブユーザー数
    - 670万人　日本人19人に1人
- ▶ 2017年
  - ➢ 国内スマートホン契約者数（3月末）
    - 8100万　日本人1.5人に1人
  - ➢ 国内ツイッターアクティブユーザー数（10月時点）
    - 4500万　日本人3人に1人

員を除いて普通にアクティブ活用している人の数です。6年前は13人に1人しかスマホを持っていなくて、ほぼ20人に1人しかツイッターをやっていなかった。まだマイナーなメディアだったものが、現在では2人に1人がスマホを持ち、3人に1人がツイッターを使うようになった。この6年間で急成長した。そういう大きな環境の変化というのが、ポピュリズムの台頭とも無関係ではないということを数字として押さえた方がいいでしょう。

SNS的なものが政治を動かしていく

　こういう流れの中で、SNS的なものが政治を動かしていくようになる。一番有名なのは「アラブの春」（中東民主化運動）。そして「Occupy Wall Street（ウォール街を占拠せよ）」（反格差社会デモ）とかもありました。日本でも原発絡みで「首相官邸前デモ」がありました。香港では「雨傘革命」、日本では2015年の「安保法制反対運動」にたくさんの人が集まって来た。ツイッターの世界のフォロワーの一覧を見ると、7千万人とかそういう世界になっている。オバマ前米大統領とか有名な人や、ミュージシャン、タレントが多いのですが、彼らが何かを発信すると瞬時に何千万人かに届く。これは大きな変化です。

　かつてメディアというのはコストが掛かった。新聞であれば今でも記者を雇い、彼らが書いた記事を印刷して家庭に配る。紙代も掛かるし、輸送代も掛かる。いろいろな人件費も掛かる。放送局も放送機材とか、いろいろお金が掛かる。そこへネットが登場し、誰でもコストを気にせずに情報が発信できるようになりました。しかし、ネットには当初、多くのマスに届けるという機能はなかったのです。それがここ5、6年ぐらいで変わってきて、場合によってはマスメディア並みの影響力を持つことが可能になった。もっとも、それによって良い現象も起きているが、悪い現象も起きている。この両面があるということを押さえておいた方がよい。

　12年の首相官邸前デモは、一番多い時で20万人が参加したといわれています。デモをツイッターで知ったという人が37%、ウェブで知った、あるいは友達から誘われたというのが18%、フェイスブックは10%でした。ここまで見てもマスコミで知ったというのは出てこない。ようやくテレビが4%で続く。そして新聞は

ツイッターは何が革新的だったのか

Twitter users			Followers	Following	Tweets
1		KATY PERRY @katyperry	71,362,298	156	6,528
2		Justin Bieber @justinbieber	64,911,984	214,127	28,659
3		Barack Obama @BarackObama	60,719,206	642,216	13,609

瞬時に数千万単位に情報を届けられる拡散力の高い初めての「インターネットメディア」がツイッター。高い発信力を「個人」が持てる時代

首相官邸前デモを知ったきっかけ

※情報拡散研究会調べ（2012年6月29日）

▶動員された20万人は何で知って来た？
- ツイッター 37%
- ウェブ 20%
- 人づて（口コミ）18%
- Facebook 10%
- テレビ 4%
- 団体告知 3%
- 新聞 2%
- その他（メール、ブログ、ラジオ）6%

２％。こういう「動員」というのは感情的に人に訴える。「こんなデモがあるよ」とか「あったよ」とか客観的な情報で見るよりも、「脱原発の声を上げましょう」というふうに、自分の知っている人とかSNSで言われた方が人の心は動くという事例だと思います。

国会前で安全保障関連法案に反対するデモ参加者＝2015年7月2日、東京・永田町

そういうことを、12年に本（『動員の革命―ソーシャルメディアは何を変えたのか』（中公新書ラクレ））にまとめました。「動員の革命」というのをソーシャルメディアが起こしたのではないか。どうしてそういうことが起きるのか。ネットによって、いろいろな人がつながる。価値観とか情報共有とかで、本来だったら全然つながらなかった人たちが自然につながって、リアルの現場で何かを起こしていくということがポピュリズムの運動と言えるのではないか。水島さんの基調講演で、ポピュリズムの起源は米国の人民党という話がありましたが、その成り立ちとも近い部分があるのではないでしょうか。

客観的事実より感情的訴え掛けが世論形成に影響

ポピュリズムの悪い側面の代表とされているものに、「ポスト真実（post-truth）」があります。これは何かと言いますと昨年（2016年）、英オックスフォード英語辞書が選んだ言葉で、「客観的事実よりも感情的な訴え掛けの方が世論形成に大きく影響する状況」を示す形容詞です。英国の「ブレグジット」とトランプ米大統領誕生を反映して選ばれたといいます。（17年）7月に『「ポスト真実」の時代―「信じたいウソ」が「事実」に勝る世界をどう生き抜くか』（祥伝社）という本を、名古屋大の日比嘉高先生と一緒にまとめました。

背景には四つほどあります。一つは、ソーシャルメディアの影響力が非常に大きくなった結果、マスメディアの信頼性が落ちてきた。「ファクト」が軽視され

オックスフォード英語辞書が選んだ「今年の言葉」（2016）

▶ post-truth（ポスト真実）
  ≻ 客観的事実よりも感情的な訴えかけの方が世論形成に大きく影響する状況を示す形容詞
  ≻ 2016年6月の英国EU離脱国民投票と11月の米大統領選を反映して選ばれた
▶ post-truth社会を構成する4要素
  ① ソーシャルメディアの影響　炎上の増加
  ② 事実の軽視　フェイクニュースの増加　政治家の開き直り
  ③ 感情の優越　弱者の軽視　私刑の増加
  ④ 分断の感覚　差別の顕在化　移民の排斥

ソーシャルメディアは何を変えたのか

ソーシャルメディア革命とは「動員の革命」である

→従来はつながらなかった人たちがソーシャルメディア上では自然につながり、その結果としてムーブメントが起きる

「感情」が優越するようになり、「分断の感覚」が広がっている。ソーシャルメディアの影響で「炎上」やフェイクニュースが増えたり、政治家が開き直ったり、あるいは弱者が軽視されたり、「ネットリンチ」が増えたり、差別が顕在化して移民の排斥が起きたりすることが具体的な現象として起きているなどです。

どうしてフェイクニュースとかポスト真実とかいうものに駆動され、ポピュリズムが盛り上がってしまうのか。氷山の一角ということもあります。情報が断片化され、ネットやツイッター、フェイスブックで切り取られたごく一部のポジティブだったり、ネガティブだったりする情報が拡散していく。そうすると、本当は下の方にいろいろなコンテクスト（事情とか背景）があるのですが、それらを全部飛ばして、上に見えている部分だけのイメージが膨らんでしまう。これが大きな混乱をもたらしているのではないでしょうか。

トランプ氏の大統領選の会場を見ると、白人の支持者だけでなく、黒人の支持者も結構いる。「やらせ」の観客ではなく、数は少ないけれどいるのです。何でこういう所にいるのか現地のテレビプロデューサーに聞いたら、からくりがあると教えてくれました。ヒスパニックとか黒人は、受け付けをするときに最前列と

イメージとしては……

この現象が日常的に起きている

かプレス席の真ん前に案内されるらしい。このためプレス席から写真を撮ると、黒人やヒスパニックなど多様な支持者がいるように見える写真になる。これは厄介です。捏造じゃない。一切トリックも使っていない。ただ意図的に案内して写真を撮らせるだけ。しかし、実際に会場を見渡すと、後ろには白人しかいないということになる。そんなことができてしまう。何を拡大して見るのかで、全く違ったメッセージが伝えられてしまう。そういう時代にわれわれは生きているということだと思います。

有名な風刺画も紹介します。普通に見れば、左の方の人が右の人に追い掛けられて殺されそうになっていると分かりますが、その一部だけ切り取ってみると、左の人が右の方を襲っているように見える。これって相撲の日馬富士暴行事件の報道とかにも言えるのではないかとか、いろいろなことを考えてしまいます。

フェイクニュースの影響力は無視できません。トランプ氏は選挙で対立陣営を「フェイクニュースを流している」と攻撃しました。一方で、米国から遠く離れたマケドニアの少年たちが、デマニュースを流すと広告が付いて稼げるというので、ビジネスとしてやっていることが話題になりました。デマニュースで厄介なのは、プライバシーなども含む本当の情報、氷山の一角に一部、本物があることです。逆にその方が信じられやすい。

「中央公論」の（17年）7月号でフェイクニュースの特集があり、マケドニアのルポが載っていて非常に面白かった。「一から全部捏造ニュースなんか俺らはつくらない」と彼らは話す。そんなものすぐ見破られるから、既存のニュース記事を「コピペ」して過激に書き換えるのだという。そうする方が真実も含まれているから賞味期限が長くなり、アクセスも集まるというのです。

日本では「まとめサイト」が問題に

日本では、どういうことが起きているかと言うと、いわゆる「まとめサイト」が問題になりました。ネットの掲示板をまとめたものです。例えば、イチローのインタビュー記事。スポーツ新聞のインタビュー記事なのですが、記者に「錦織（圭）がすごく海外のメディアで評価されていますね」と言われて、イチローは「こっちのメディアがどうとか関係ないですよ。日本のそういうところは大嫌い

メディアが直面している フェイクニュースの問題

| グルメ | コラム | まとめ | 国内 | 政治 |

【悲報】ミスチル桜井和寿、ヤバイwwwwwwwww
今日速2ch

【悲報】イチローが反日発言www日本人ダサすぎwwwwwwww
NEWSまとめもりー…

【チッ、反省してま～す】騒動から7年 スノボ國母の今wwwwwww
(*゜∀゜)ゞカガクニュー…

なぜネットがポピュリズムを加速させるのか

- ▶義憤に燃えた人の存在
  - ➢自分が敵だと思った人間に社会的制裁を与えないと気が済まない
- ▶愉快犯・中間層の存在
  - ➢「他人の不幸は蜜の味」の人
  - ➢情報を鵜呑みにしやすい"発信志向"の強い人
- ▶ビジネスとして煽るメディアの存在
  - ➢発言していないことを曲解して、極端な発言をしたことにしてアクセスを稼ぐ
  - ➢ツイッターでリンク元のニュース記事へジャンプして内容を確かめる人は全体の41%

ですね。こっちのメディアで騒がれているから日本人が騒ぐみたいな、そういう順番はめっちゃダサイです」と話している。いつもの「イチロー節」と言えばそれだけなのですが、こういうインタビューの一言を捉えると「まとめサイト」ではどうなるのか。「イチローが反日発言！」みたいな感じでまとめられてしまうわけです。

　会場の皆さんは今、笑いましたが、これは笑い事ではないですよ。なぜかというと、こういうものがまとめサイトでつくられると、若者は信じてしまう。さらに、これをオーソライズしてしまっているのが「ニュースアプリ」です。「スマートニュース」だとか「ヤフーニュース」。「ヤフーニュース」はそういうことはないか。でも「スマートニュース」には「まとめ」というタグがあって、ここを見ると先ほどのような記事が出てくる。「スマートニュース」も一応、まずい記事が出ないよう人間が見て排除していると言っているのですが、実際には出てきてしまう。こういう事態にも正面から向き合わなければいけないと思います。

　厄介なのは、多くの人はそういうニュースが出てきたときに、元の記事に当たって中身を確認するようなことをしない。誤解を与えないためにはどうしたらよいのかという検討の段階で、グーグルやフェイスブックがようやく対応を開始したのがこの１年ぐらいの話です。

情報の「ろ過装置」がキーポイント

　どうしてネットがポピュリズムを加速させるのでしょうか。まず義憤に燃えた人の存在があります。自分が敵だと思った人間に社会的制裁を与えないと気が済まない。あるいは愉快犯で「他人の不幸は蜜の味」という人。さらに情報をうのみにしたい発信志向の強い人。これは多くの人がそうだと思います。われわれだって電車の中で「週刊文春」の中刷りや「東京スポーツ」の見出しを見て、「なんかあれって、ああらしいよ」と他人に言うこともあります。こういうケースで実際、買って記事を読んでいる人はほとんどいない。職場でそれを話しても、影響を与えるのは５人かそんなもの。10人もいかないかもしれない。だが、その感覚でリツイートすると100人、千人、場合によっては10万、100万というふうに拡散してしまう。

若者や高齢者が陥りがちな「フィルターバブル」や「エコーチャンバー」の殻を破るのがこれからのメディアの重要な問題になる

- ▶ フィルターバブルとは
  - ツイッターの場合は好きな相手だけをフォローする仕組み
  - フェイスブックは「いいね！」をよく付ける相手の情報表示頻度が高くなる
  - グーグルの検索表示結果は普段我々が何を検索しているかで順位が変わる
  - →今のネットは知らない内に「気持ちよく感じる情報」ばかりが自動的に集まる
  - →やがては「エコーチャンバー」に

ヘイトスピーチ対策法成立

- ▶「フェイスブック法」6月30日に成立
  - ソーシャルメディアにヘイトスピーチやフェイクニュースなどが投稿された場合、通報から24時間以内に削除する
  - 苦情の常時受付窓口を開設する
  - 半期（6カ月）に一度、対応件数や対応状況について報告書を公表する
  - →これらの施策を事業者に義務づける
  - →違反した場合罰金5000万€（60億円）

もう一つは、マケドニアの少年たちと同じような人がいる。彼らが何で成功するかというと、ツイッターで流れてきたニュースのＵＲＬを実際にクリックして、記事の詳細を確認する人は４割しかいないからです。コロンビア大学とフランスの情報学研究所が調査しました。みんな見出しだけ見て、それをリツイートしている。こうなると、フェイクニュースを流す方が「流し得」になってしまう。

　そういう意味で言うと、先ほど芹川さんがマスメディアのろ過機能の話をされましたが、非常に象徴的だと思います。ろ過装置、つまりフィルターです。ポピュリズムはフィルターの問題抜きには語れない。今は「フィルターバブル」という言葉があります。例えばツイッターというのは、自分の好きな情報が入るような仕組みになっている。フェイスブックもリアルな友人関係が元になっているので、「いいね！」を付ける人の表示頻度が高くなるのです。

　グーグルの検索表示結果も、昔はみんな同じものを見ていた。しかし今は皆さん、グーグルにログインしてＧメールとかカレンダーとか使われていると思いますが、そうすると検索結果もその人向けにカスタマイズされる。保守系の情報を毎日検索している人にはそういう記事が出る。森友学園問題の情報を検索すると、「森友は捏造だ」という人と、「森友は大問題だ」という人とでは全く違った検索結果が出ます。今のネットというのは、知らないうちに気持ち良く感じる情報ばかりが自動的に集まるようになっているのです。

　ずっと同じ傾向の主張に触れることによって、やがて自分たちが多数派だと勘違いしてしまう。それは若者だけではなく、ネットに最近触れた、あるいはスマホを最近買って使い始めたという高齢者にも結構多い。そういうフィルターバブルや「エコーチャンバー」の殻をどう破っていくのかがメディアの重要な課題になります。フィルターというのは一つのキーポイントで、マスコミというのはかつて、ろ過装置になっていて、その品質に対してあまり疑問を唱える人はいなかった。ところが、今のネット中心の若い世代とかネットに触れ始めた高齢者の人たちは、「マスコミのろ過装置こそが問題」だと思ってしまっているわけです。むしろネットの自動レコメンドというろ過装置や、ＡＩ（人工知能）の方を信用する。でも「そのＡＩって本当に公正なものですか」というような論点もあると思います。

米国のIT事業者のヘイトスピーチ対策状況

▶ シャーロッツビル事件とIT業界の変化
- 殺害された女性を中傷する記事をアップしていたネオナチ系サイトのドメイン運用業者がサイトのドメインの利用を停止
- AppleやKickstarter、IndieGoGoが人種差別的なメッセージを含む商品に対して決済・資金調達サービスの提供を停止
- Facebookやツイッターがネオナチ系アカウントを軒並み凍結
- Facebookが9月に不適切なコンテンツによる収益化を禁止

ネット業者が世論をコントロールする時代

▶ "The Fake News Machine" (trendmicro, 2017)
- ソーシャルメディアに特定の投稿を行ったりシェアしたりいいね！を押したりする専門業者の存在とメニューをレポート
  - 800語の虚偽ニュース記事執筆→30ドル
  - YouTubeに2分の動画を投稿→621ドル
  - 動画に100個サクラの書込→2.6ドル
  - 2500人にリンクをリツイート→25ドル
  - 特定の人物の評判を落とす→5万5千ドル
  - 大規模な選挙キャンペーン→40万ドル

それなら法律で対策しようというので、一番進んでいるのがドイツです。ドイツはソーシャルメディアにヘイトスピーチやフェイクニュースが投稿された場合、通報から24時間以内に削除しましょうと、苦情の常時受付窓口を開設している。さらに半年に1回、リポートの公表を事業者に義務付けました。違反した場合は罰金5千万ユーロ、約60億円と相当に厳しい姿勢です。これは、元々ナチスを称賛するような言論を厳しく規制しているドイツだからこそという側面もあります。これくらいやらないと、ヨーロッパは移民に対するテロとかにつながりかねない。そういう危機感があるのだろうと思います。

　米国は言論の自由を重要視しているので、ＩＴ事業者に対して言論の自由を規制するようなことはあまりなかったのですが、最近は状況が一変しました。（17年）8月の米バージニア州シャーロッツビルの事件では、殺害された女性を中傷する記事をアップしていたネオナチ系サイトのドメイン運用業者に対し、ドメインの使用を停止した。あるいは、そういった人種差別的なメッセージを含む商品に対して、そこでお金もうけをしているような資金決済サービスとかも提供を停止させられている。フェイスブックやツイッターも、そういうアカウントを軒並み凍結し、フェイスブックは9月、そういうコンテンツでお金をもうけることを禁止した。そういう動きが出てきています。

もはやAIがフェイクニュースをつくれる時代

　（2017年）6月にトレンドマイクロという情報セキュリティー会社が「The Fake News Machine」というリポートを公開しましたが、結構、衝撃的でした。ソーシャルメディアというのは、業者がいろいろな投稿をコントロールしている。中国やロシアなどではフェイクニュースを30ドルでつくることができ、（動画投稿サイト）「ユーチューブ」への動画も600ドルぐらいでつくれたりする。サクラの書き込みは2.6ドルと非常に安くなっており、それでも2500人にリンクをリツイートして広めることができるといいます。米国では、そういう業者を使って、特定のジャーナリストに対する攻撃キャンペーンが実際に行われて、さらに、大規模な選挙キャンペーンなども行われているということがリポートされています。

> AIが記事を書けるなら、AIはヘイトスピーチ記事やフェイクニュース記事を量産したり、特定の人間を攻撃し続けることが可能である

「Voice」については、旧経営陣の営業権取得時の見込みが甘く、当初想定していた売上予算値と実績とのかい離が著しく、およそ回復できる目処の立つレベルでなく、単なる高値掴みであったことが明白であることから、営業権取得時ののれんについて減損処理を行うことになった。カラオケルーム運営事業における競争環境は年々激化しているにもかかわらず、ここ数年、旧経営陣が、新規事業開発へ経営資源を集中する余り、店舗ごとの課題点、問題点に対し把握はしていたものの、恒常的に必要なカラオケ店舗への設備投資をしてこなかったことに加え、店舗スタッフの採用や教育といった人材育成投資もほぼしてきておらず、「退職率の増加」、「売上高の低下」、「営業利益率の悪化」の恒常化に繋がり、12店舗もの多数の店舗で店舗固定資産の減損が必要となったこと、資産除去債務の計上基準に従って既存9店舗で資産除去債務を計上、および資産除去債務計上済み36店舗について昨今の工事費用の高騰を受け見積金額を修正したことから特別損失を計上するに至った。

具体的なポピュリズム対策は？

1. 「技術」で解決する
   - ファクトチェッカーのスマート化
   - フェ…
   - デマ…（…ンド）
2. 「経…
   - フェ… 停止する
3. 発信… …る
   - 「炎」… 拡散させ
   - て… …うにする
4. 「報…
   - こ… …れている

ナラティブアプローチの重要性

- ▶クアトロチョッキらの調査（2017）
  - ➢普段から怪しい「陰謀論サイト」を見ている人間に、ファクトベースでそれを否定する記事を見せると、かえってその陰謀論を信じる人が3割にも及ぶ
  - ➢「ポスト真実」は事実の問題ではなく、「信仰」の問題になっている
  - ➢相手の言うことにファクトを突きつける形の説得は不可。相手の文脈に入っていくことで「聞く耳」を持ってもらう

　ＡＩが最近注目され、話題になっています。例えば「日本経済新聞」の記事で「旧経営陣の営業権取得時の見込みが甘く、当初想定していた売上予算値に達しない。およそ回復できるめどの立つレベルではなく、単なる高値つかみに出合ったことが明白である」といった厳しい記事が紹介されていました。人間の記者だとなかなか書けないでしょう。それほど厳しい記事を、決算書を見てＡＩが自動的につくったというのです。ネットの世界で一時、話題になりました。

　これくらいのものがＡＩでできるようになっているのは、どういうことか。もう業者じゃない。ＡＩが記事を書けるのならヘイトスピーチやフェイクニュースとか、ポピュリズムを先導するような記事をつくって、自動的に拡散することまでできる。フェイクニュース対策というのは、事態がどんどん先に行っている現実も含めて議論しないといけない状況になっています。

　では、具体的に何ができるのでしょうか。ＡＩがフェイクニュースをつくってポピュリズムを先導するなら、それをＡＩで見破ることもできるはずです。面白いなと思ったのが「ワシントン・ポスト」紙のブラウザーの拡張機能。ツイッターのトランプ発言を見たら、その下に「ワシントン・ポスト」がファクトチェッ

クしたのを自動的に表示させるというものです。ブラウザーはみんな使うので確かにこれは面白い。(米インターネット通販大手)アマゾンの(創業者で最高経営責任者)ジェフ・ベゾスが「ワシントン・ポスト」を買ってから、こんなこともやるようになった。あるいはデマをデータベースにして皆で使えるように共通化しようなんて話もある。

　問題だと思うのは、やはり広告配信です。結局、フェイクニュースをつくっている人の多くは金もうけのためにやっていて、政治的イデオロギーはあまり関係ない。あおればあおるほどお金がもうかる。それは広告を貼れてしまうから。これを防ぐには、悪質なアカウントに関しては、銀行の信用情報みたいにアカウントを停止させ、銀行口座を押さえて金もうけができないようにしてはどうか。そういった広告業界に対する対策が必要ではないかと思います。

　フェイクニュースなどをやっている人たちは、リスクもコストも取っていない。誰がどのような目的でやっているのか不明確で、名誉毀損で訴訟を起こすことすら難しい。やはりここはプロバイダー責任法とかを改革して、少なくともそういうニュースを発信している人に責任を取らせるように、発信者の本人情報に

すぐに行き着けるような法整備というのも必要でしょう。しかし、重要なのは、こんな時代だからこそ報道の力が試されているのではないでしょうか。いずれの措置も「これでポピュリズムやフェイクニュースがすぐ解決する」というような特効薬にはならないように思います。全部が対症療法。どれも「やらないよりはまし」程度なので、こういう対策を同時並行的に全て進めていくことが必要でしょう。そういう問題意識を持っています。5分ほどオーバーしましたが、僕の方からは以上です。

衆院選は「安倍対反安倍」の構図で始まった

松本 最後のプレゼンテーションです。時事通信社の山田惠資解説委員長に、衆議院選挙の結果を踏まえて「2017年衆院選は一体何だったのか？」をテーマにお話しいただきます。よろしくお願いします。

山田 山田でございます。現場で衆院選を見ていた立場からお話ししたいと思います。その前にポピュリズムについて触れておきます。ポピュリズムという言葉が必ずしも悪い意味だけではないという水島さんの見解について、私は以前から、非常に感銘を受けておりました。メディアの中にいる人間は、ほとんどがポピュリズムをネガティブな意味を込めて使います。しかし、私はかねて、そうではないニュートラルな、つまり悪いポピュリズムと良いポピュリズム、そしてどっちでもないポピュリズムと三つあるだろうと思っています。

今回の衆院選ですが、何度も見慣れているものだと思います。おさらいで衆院選後の新勢力を見ていただきたい（次ページのパワーポイント資料）。参議院も同時に示します。その理由は後で説明します。衆院の新勢力は、与党が11減っただけです。安倍晋三首相は選挙前に、衆院の過半数の233を与党で確保するのが「勝敗ライン」としました。非常に低いところにラインを設定したわけです。結果は公明党が29議席と衆院解散時から6議席も減ったので、公明党内は大騒ぎになりましたが、基本的に大体30議席は取るであろうといわれていましたので、この233を設定した時点で安倍首相は、自民党は200ぐらいまで落ちても勝ちだと言っていたことになります。それは公明党に対する配慮もあるのでしょうが、同時

第2部 パネルディスカッション

山田惠資の講演資料
２０１７年衆院選は一体何だったのか？

に「保険を掛けた」のだと思います。

なぜ保険を掛けたか。それは当時、内閣支持率が落ち込んでいましたので、あまり強気になれなかったのですね。しかし、そんなに危険があるのであれば、そもそも解散をしなければいいのではないかという疑問

山田惠資氏

が湧きます。安倍首相の頭の中では多分、大きな葛藤があったと思います。衆議院の議席数の「3分の2」を失うということは、憲法改正をあきらめるだけではなくて、場合によっては退陣もあり得る。自民党は政権を維持しても、安倍首相は退陣しなければいけない立場に追い込まれるかもしれない。

選挙戦の当初、まだ小池氏のことが話題になる前に「安倍対反安倍の戦い」だということがしきりに言われました。その意味するところは、自民党政権は維持されても安倍首相だけは倒そうということです。

共産党を含めた共闘を、記事では「野党共闘」と書くわけですが、共産党の志位（和夫）委員長は選挙前、今年（17年）1月の初め、われわれの前で「安倍首相さえ倒せば、われわれの大勝利だ」とはっきり言っていました。つまり、安倍対反安倍の構図で選挙は始まったのです。

その構図を変えたのが小池百合子氏です。小池氏はむしろ「政権選択」ということを持ち込んできた。首相を代えるだけではなく、希望の党が政権に入ることを目標にするというところまで強気な発言をしたわけです。

選挙の結果ですが、立憲民主党が多くの議席を獲得し、希望の党は期待したほどではなかった。でも両方合わせますと2千万票近く取っています。あえて言えば、希望の党はまだ一定の支持率は持っていたわけですから、あの排除発言がなければ、100から150議席ぐらいは取れた可能性があったわけです。希望の党ができた瞬間に、この選挙の質が変わったと言えましょう。

安倍対反安倍から、政権交代だということを挑んできた。自民党も最初のころ

○衆院比例代表得票数【時事通信社調べ】（選管確定）

党派名	得票数	得票率
自民	18,555,717	33.2
希望	9,677,524	17.3
公明	6,977,712	12.5
共産	4,404,081	7.8
立憲	11,084,890	19.8
維新	3,387,097	6.0
社民	941,324	1.6
日こ	85,552	0.1
大地	226,552	0.4
幸福	292,084	0.5
支持	125,019	0.2
諸派	—	—
無所属	—	—
合計	55,757,552	100.0

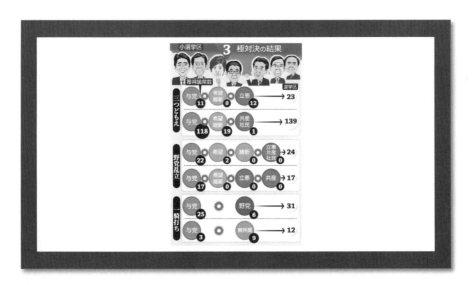

は、希望の党の支持率が高かったものですから、解散はしたけれども、ひょっとしたら本当に公明党との連立政権が揺らぐかもしれないと危機感を抱きました。そうなったときに「誰が代表になるのだ。小池氏が出なければ、前原（誠司）民進党前代表か」という声まで聞かれた。一瞬でしたが、前原政権が近づいてきたと思った人がいた状況だったわけです。

なぜ小池氏は「排除の論理」を持ち出したのか

　それが小池氏の「排除の論理」発言で一変した。何をもって排除としたかというと、憲法改正と安保法制、この二つのテーマを支持するか否かでした。小池氏のポピュリズムというのは、良い意味でも悪い意味でも、とにかく分かりやすいということでしょう。「寛容な保守」とか「消費税の凍結」「ミニマムインカム」、それからちょっと評判が悪かった「内部留保課税」など、国民の支持を得やすいテーマを列挙した。「原発ゼロ」もそうです。しかし排除の論理は、こうした大衆受けを狙ったテーマではありません。なぜこれらを持ち出してきたのか。選挙後の連立政権のことが小池氏の頭にあったようです。首相指名のときに誰を指名するかを絶対に決めなければいけないということがありましたので、やはり自民党内に手を突っ込むという選択肢を考えていたように思います。

　二つ目は、もし希望の党が150議席獲得して与党を過半数割れに追い込み、他の党とも協力して（政権樹立に必要な）多数派を形成するとしても、自民党が参議院の多数派を占めるという現実はあるわけです。つまり衆参で「ねじれ現象」が生じて、やはり連立政権を組まざるを得ない。いくら衆議院で多数派を形成しても、参院では自民党と公明党で過半数を占めています。ある場で小池氏に「排除の論理の本質は連立政権か」と直接聞いたことがあります。小池氏は、はっきりと「そうです」と答えました。

　小池氏は、もし連立を自民党と組むなら、あるいは（ポスト安倍を狙う）石破茂氏と組むにしても、この安保の問題で一致するというのが最も大事なことと考えていたのでしょう。憲法改正と合わせた二つの重要政策でずれてしまえば、連立は組み得ない。例えば原発問題とか消費税問題、これは調整可能です。けれども、安保や憲法問題はかなり深刻な亀裂をもたらし得る。初めから連立は組み得

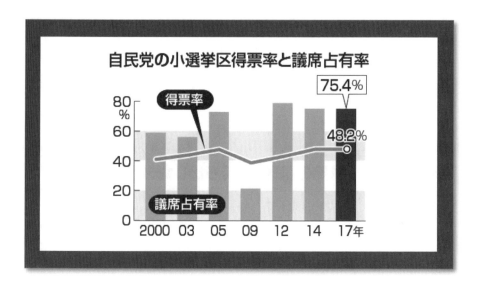

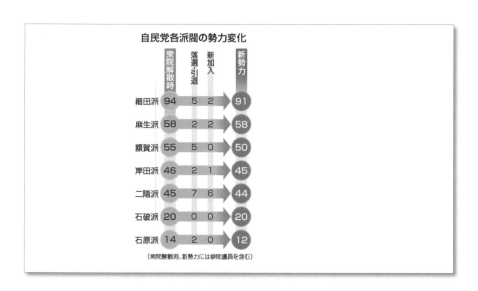

ないという話になりますから、小池氏はあえて排除の論理を持ってきたのだと考えています。

　もっとも、小池氏が排除の論理を持ってきたために、逆に安倍首相は救われた。安倍政権の勝因について「野党の分散」という言葉をメディアはよく使いますし、それは通りがいいので私も使いますが、実は必ずしも正確ではなくて、やはり反安倍の受け皿が割れてしまったということだと思います。

　「安倍対反安倍」ということで考えますと、自民党の支持者の中にも「安倍さんだけは嫌だ」という人がいる。では、どこに投票すればいいのかと考えると適当な党がなかった。そこに小池氏が登場したので、小池氏を支持しようとしていたら自滅してしまった。そうしたら、希望の党ではなくて立憲民主という党があるではないかということで、反安倍のリベラル寄りの人、あるいは少なくともリベラルに違和感のない人は、立憲民主の方にどんどん行きました。反安倍だけれども保守的な人たちは、依然として十分な居場所を見つけていないのではないかと思います。

　それから新聞は、今回は「3極の選挙」だと書きました。しかし私は三つどもえと言うのが正しいと思うのです。安倍さんも小池さんもバリバリの保守ですから、3極は成立しなかったと見ています。

　取材で25年以上前から小池氏を知っていますが、安全保障関連法成立よりもっと前の2007年に小池氏と安保の話をしたことがありました。そのときに小池氏が言っていた言葉の中で非常に印象的だったのは、北朝鮮について「カーター米大統領が余計なことをするから、あんなことになるのよ」と言っていたことです。小池氏が現在もそう思っているかどうかは分かりませんが、10年前には「ああいう、やわなことをするから北朝鮮がつけ上がったのだ」ということを言っていた。つまり、ミサイル攻撃、軍事攻撃をするべきだったと考えていたわけです。

　一方、これは衆院選直前のことですが、小池氏に対して、目指しているのは「小さな政府」か「大きな政府」か、あるいは「その真ん中」なのか、一体どれなのだと聞きました。前原さんは「中福祉中負担」と言っており、大きくもない小さくもない政府を目指すという形で小池氏と合流したわけですが、では小池氏はどうなのか、と。そうしたら「私は小さな政府だ」とはっきり言っていました。理念も政治的なタカ派。リベラルや保守といっても、政治軸や経済軸がそれ

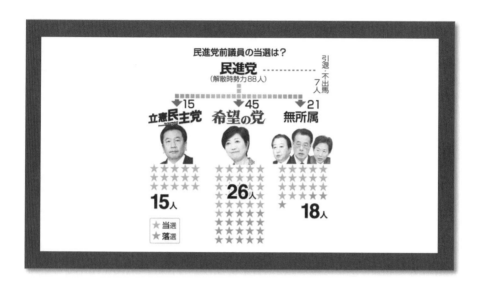

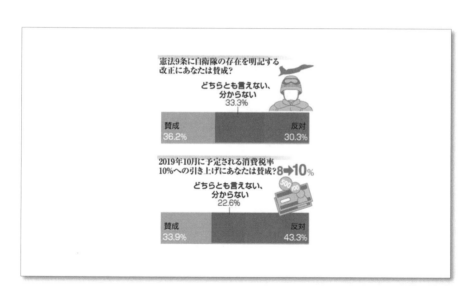

ポピュリズム政治にどう向き合うか─メディアの在り方を考える─

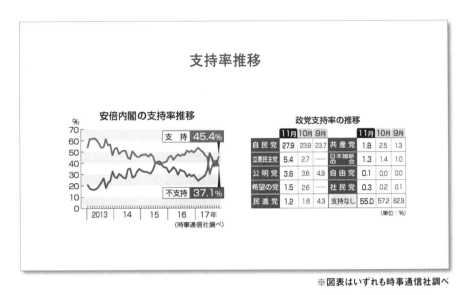

※図表はいずれも時事通信社調べ

ぞれ別々に存在しますから、あくまでも政治軸の方で保守である。そうすると、小池氏というのは、政治的な立ち位置はかなり古典的な保守であり、同時に（経済の面でも）新自由主義を志向しています。「安倍さんよりも右だ」と言う人もいます。

旧来型の保守ハト派勢力が今は空席に

　今回の選挙は、いわば保守の仲間割れというふうに捉えていいと思っています。仲間割れ、内ゲバというのは左側の専売特許かと思っていましたが、今回の衆院選に関しては右側が激しいバトルをした。小池氏は現職の防衛大臣の時に靖国神社に参拝しています。憲法問題などで一致してもいい保守同士でかなり激しく戦った。小池氏は言い返していませんが、それを保守の側から批判している人たちは、名前は申しませんがかなりおります。そうした動きの中で、ぽっかり空いているのは左でもない右でもない、いわゆる旧来型の自民党のハト派勢力の人が今は、空席なのではないかと考えます。

　岸田（文雄）氏が最近、自分のアピールをしている中で、安倍氏を諭すようなことを国会でも言っていました。特に、憲法に対しては慎重な立場を取っていま

す。それから、政権にいなければどうしようもないということで、かなり苦しんでいるのが公明党です。創価学会と公明党の間では、世代交代のペースがかなり開いてきている。このため、公明党と創価学会の間で意見の食い違いがあるとは申しませんが、世代交代のペースの違いによる深刻な路線闘争がある。対立と言うのは言い過ぎでしょうが、路線にひびが出てきていると見ています。元々、創価学会の立場は「平和を維持する」ということであり、自民党で言えばハト派路線ですから、本当は岸田さんとかに近い。公明党などが一つの勢力として3極の真ん中を埋める。そこで初めて、3極が完成すると思うのですが、今回の選挙に関しては右の方で争って、左の方も乱れた。

　ある有名な作家の方が「30センチの物差しのうち、右端5センチの所に集まったような選挙だったね」と評していたのは、なかなか的確な表現でした。3極ではなく三つどもえになったために、与党がかなり有利に戦えたということです。

　憲法改正については、時事通信の出口調査によると、9条に関する改正に賛成は36.2％、反対30％で、ほぼ拮抗していました。その割には自民党の議席数が多かった。一方で、消費税は反対の方がやはり多いわけです。安倍氏は消費税率引き上げについて、今回はやると言った。実際にやるかどうかは別として、反対を掲げたのは野党の方でしたが、にもかかわらず野党は苦戦した。政策についての有権者の関心と結果はねじれたと言えます。

　最後に政党支持率の推移についてです。「支持なし」は選挙前の9月に62.9％でしたが、10月に57.2％、11月は55.0％と下がりました。これから先どういう数字が出てくるかは分かりませんが、これが少しずつ下がってくれば、先ほど申し上げたような3極の構図に向け、今は空席であるところも含めて「私はどこに投票すればよいのか」と悩む人がだんだん減っていくことを期待しています。

2. 質疑応答

ポピュリズム台頭は民主主義の弱点を突くものか

松本　4人のパネリストの方々に、それぞれの立場・観点からお話をいただきました。ここからは、会場にお越しいただいている皆さま方の質問も織り交ぜて、パネリストの皆さまに質問していきたいと思います。最初の質問です。皆さま全員に伺います。「中国では最近『ナチスドイツは公正な選挙によって生まれた』として、民主主義の限界を主張する声が強まっているといわれていますが、ポピュリズムの台頭は『民主主義の弱点』を突くものだと思われますか」。津田さんから順番にお聞きしたいと思います。

津田　多分それも一つの民主主義の形というか、民意の表れだと思います。インターネットを通して、本来なら一笑に付されるような陰謀論──それはトランプ氏を支持するようなものからたくさんあるのですが──を、あるいは明らかにデマだよという主張を信じている人がいます。彼らに対して事実はこうであって、それはデマですよと言うと、言われた側は納得するどころか陰謀論をより信じてしまう。「朝日新聞」が言っているのだから絶対間違っていると思う人がいるようなものです。要するに報じているメディアによって、陰謀論をより信じてしまう人の数が3割上がるということが、イタリアの研究者の調査で出てきた。似たような研究というのが米国でも出てきていて、友人関係とか知り合いから「間違っているよ」と言われた場合は、「ああそうかも」と納得する可能性が上がるという調査結果も出てきている。

　マスコミとかが、ただ事実を示しても、その結果としてより陰謀論を信じてしまう人が多い。この状況に対抗するには、まず相手と人間的な社会的関係を築いて、そこで伝えていくことが必要です。友達の言うことなら聞くという非常にシンプルな調査結果は、何かの示唆があるように思います。マスメディアが世論に対して訴え掛けるような場合、伝え方の目線が重要です。ここ10年ぐらい「上から目線」という言葉が流行しましたが、マスメディアは「上から目線」ではな

く、同じ目線の高さから伝えていくような報道手法を考えなければいけない時期に来ているのではないかと思います。

松本 続いて三浦さんにも同じ質問です。ポピュリズムの台頭は「民主主義の弱点」を突くものでしょうか。

三浦 プレゼンテーションでポピュリズムについて特に意見を申し述べなかったのですが、ポピュリズムというのが悪いという考えを持つに至るのは、大体の場合、自分がそのポピュリズムによって負ける人たちです。ポピュリズムに「良いポピュリズム」と「悪いポピュリズム」があるとすれば、おそらくそれは勝ち負けの問題として、その人が負けている側にいるかどうかに関わってくると思います。

　もう一つは、ポピュリズムがファシズムに行くかどうかです。ポピュリズムがファシズムに行くと、ナチスドイツが生まれたように民主主義の中では独裁を生む。マーケットにおいても、例えばアマゾンのように全てを取りにいくというビジネスに対して強い反感を持つ。マイクロソフトに対するアップルによる批判というのがありました。マーケットシェアを全て奪うというのは邪悪だと経済の世界ですら思われている。民主主義でも全てを取りにいくのは駄目だというふうになる。なぜかというと、おそらくそれ以外の嗜好性、欲望というものが反映されなくなり、結果的にわれわれはお仕着せしか手に入れられなくなるからです。選択肢、多様性がなくなるからということだと思います。

　その観点から言うと、民主主義の中にも内在的に悪いポピュリズムの権化である「ファシズムの芽」というのが潜んでいます。ファシズムが生じた歴史的な経緯を振り返りますと、基本的には二つの条件がそろったときです。一つ目は資本主義に対する絶望が広がって資本主義全否定という気持ちを有権者の多数、つまり中間層の人たちが持ったとき。もう一つは外敵の存在です。外部から来る強い脅威。これが「戦間期」、つまり第1次世界大戦と第2次世界大戦の間には大きな影響力を持ちました。一つ目の要素というのは大恐慌によって生じ、二つ目の要素というのは、共産主義が忍び寄る恐怖によってもたらされたわけです。

　つまり、ファシズムが生じるためには二つの要素が必要です。今、欧州で生じ

ているファシズムらしき芽みたいなものの背景には、明らかに金融危機以降の、あるいは使い過ぎた国家財政の結果としての破綻含みの状況がある。肥大化してしまった福祉国家をどうするのかと言ったときに、失業率が非常に高いというような資本主義に対する不信感に加えて、難民や移民の存在があるわけです。ただ、恐怖の方はまださして大きくなっていないので、ファシズムに至るほどの条件は、まだそろっていないと考えます。

米ニューヨークのイタリア領事館前の抗議デモで、「ファシズムは文明のガンだ！　民主主義万歳！」と書いたプラカードを掲げて叫ぶ婦人＝1939年2月（NEW YORK DAILY NEWS）

ファシズムこそ恐れるべき

いただいた質問は非常に本質的な指摘ではあるのですが、ポピュリズムということではなくてファシズムを恐れるべきであり、どうやって防ぐかという点が重要です。明らかに外敵が存在するときには、事前にきちんと対応する。責任ある政党が恐怖から目をそらすようなことをしない。共産主義やテロを大丈夫だとか言わないで、きちんと抑制的に本当に効果のある対応をしておけば、大衆はそこまで不安を持つには至らない。後は、資本主義に絶望するような経済政策をしない。そういったときには、きちんと民主主義側の分配を利かせてあげる。つまり、成長を担当する資本主義経済がつまずくサイクルは、何十年かに1回は回ってきますから、そのときには政府がきちんと分配の仕事をするということに尽きると思います。

松本　続いて、芹川さんはこの質問に関してプレゼンテーションでもある程度触れていらっしゃるので、短めにお答えいただけますか。

芹川　津田さんは人間的、社会的環境をどうつくるかということが大事だとおっしゃいましたし、三浦さんは全てを取りにいくということが問題だとおっしゃいました。二人の発言につながってくると思うのですが、政治とは何かを考えると、世の中にはいろいろな考え方があって、それをどうやってまとめていくかと

いうことだと思うのです。確かに全てを取りにいってはいけないし、どうやって人間関係、社会環境をつくるかというのがポイントだと思います。ポピュリズムというのは、そういう配慮を損なう恐れがある。政治とは、あるところは引き、あるところは主張し、そしてまとめていくということだと思います。そう考えますと、現状はちょっと危うさがあると言っていいのではないかという気がします。

松本 ありがとうございます。山田さん、お願いいたします。

山田 まず質問の中に「中国では」とありますが、中国は民主主義を導入したくない。何がなんでも民主化をしたくない国は、民主主義にも限界があるということを言おうとすると思います。（この民主主義の限界の話が）中国から出たということを考えると、それにまともに向き合う必要があるのかと考えてしまう。しかも、ナチスを持ち出してきているところがうさんくさい。ここはひとつ、麻生太郎さんにも出ていただいて、議論したらいいなと思います。

　ポピュリズムには確かに「負の面」と「正の面」がありますが、だからといってポピュリズムを全面否定するというのはいかがなものか。政権を取るためには、ポピュリズムが当然必要になってくる。ポピュリズム以外の言葉でも、「印象操作」とか「レッテル貼り」「ばらまき」というような批判があります。よく考えてみると、いかにうまくばらまけるか、いかにうまく相手にレッテルを貼れるか、いかにうまく相手をこちらに有利に印象操作できるかは全て選挙に必要な要素で、それをどう言い換えるかの問題でしょう。どううまく言うかということですから、あまり突き詰めても生産的ではない。三浦さんが話されたように、ポピュリズムという単語が出てくるときには、やはり負けた側が発するということがある。

　それからもう一点。「表に表出するポピュリズム」と「隠す方のポピュリズム」があるのではないか。安倍氏も本来、理念の政治家ですから、アベノミクスで自分が将来、政治家としてのレガシー（遺産）を残そうなどとは全然考えていないと思います。アベノミクスによって高い株価を維持して、それが支持率につながればよいと考えているだけ。一方で小池氏は敵をつくる。最初は（自民党都連の

前幹事長の）内田（茂）さんであり、東京五輪問題では森（喜朗）さんであり、石原（慎太郎）さんだった。ところが敵がいなくなったときに、急に怖い顔で排除の論理を言ってしまい、慌てて安倍首相が敵であると言いましたが、後の祭りでした。

いずれにしても、皆はこういうふうに言えば喜んでくれるだろうと、既成の政治家である内田さんとか森さんを敵にしながら、人気を得ていたということです。手法はそれぞれ違い、安倍氏も小池氏もテーマは違いましたが、似たような手法を取っていたのだと思っています。

10月の衆院選で勝利し、アベノミクスを加速させる安倍首相＝2017年10月23日、東京・永田町

ポピュリズムと直接民主制には関連性がある

松本 それでは次の質問です。英国のEU離脱を問う国民投票やスペインのカタルーニャ地方の独立問題など、世界では近年、国民が直接政治に参加する「直接民主制」の動きが目立ってきました。これはポピュリズムの台頭と根を同じくする傾向だと思われますか。パネリストの方全員にお伺いします。

津田 なかなか難しいテーマだと思います。ポピュリズム自体をどう捉えるかということでもあると思うのです。直接民主制には肯定的に捉えられる側面もある。今の質問で思い出したのは、この間「フィナンシャル・タイムズ」紙に載った日本とポピュリズムのことを論評する記事です。英国から見ると、日本にはポピュリズムがなくてうらやましいという記事なのです。どうしてかというと、投票率が低いからだと言う。確かにそうです。ポピュリズムの台頭は、投票率が高くなって、その気分に流されて投票する人が多いから勢いを得る。日本の場合は「投票率が低いことと自殺率の高さによって、ポピュリズムにあらがっている」と指摘します。はっきり言って皮肉な記事なのですが、ある種の本質みたいなものを結構突いているところもある。

水島さんの講演にもありましたが、既存の政治やグローバリズムとかに対しての不満がたまっている。それをどうすくい取るのかが、国によって違ってきているのでしょう。日本の場合は、不満を吸い取るための既存の政治の仕組みや選挙制度、あるいは供託金だとか道具立てが古過ぎて、そこに対抗する手段みたいなものを政治の場で実現できなくなっている。その不満がネットに出てきているところもあって、そういった面を整理して考える必要があると思います。

松本 同じ質問を三浦さんにしたいと思います。

三浦 代議制民主主義というのは本来、エリート政治です。なのでエリートが選ばれるはずなのですが、選挙区の人たちは得てして自分たちに似た人を選出する。その結果として、実はエリートではないとか、単なる野合となる可能性があります。基本的には、限られたエリートが機能して決めていくというのが代議制民主主義です。それに対比される直接制民主主義というのは、要はエリート支配ではない。ポピュリズム的な下からの決断をそこに入れていくということで、明らかにポピュリズムと直接民主制には関連性があるわけです。

ただ、ここで考えなければいけないのは、津田さんの今のお話につなげていくと、われわれは政治に関心を持っているべきなのかという話です。政治に関心をより持っていない社会の方が幸福だという可能性はあります。経済・社会・文化生活で満足しているからです。満足して経済活動に従事していれば、対立する政党を議論でやり込めるような「不健全な趣味」にまい進しなくても、十分に幸せに生きていけるわけです。それは幸福な社会かもしれない。

しかし他方で、政治に興味を持てないということは、希望がないということでもあります。現状を劇的に変革する才能を持つ人が、ホリエモン（元ライブドア社長で実業家の堀江貴文氏）とか三木谷（浩史・楽天会長兼社長）さんとか、ごくわずかではあるがいます。一般の人は本来、自分の生活を変えられない。だから政治に夢を託すはずなのですが、政治に夢を託せないから政治に関心を失っているという部分がある。投票率が低いことの悪い側面というのが、そこにあると考えることができます。

結論を申し上げると、直接民主制的ではなく暴動や紛争あるいは内乱といった

ことが起こるのは、大体において本来は世俗的な問題がアイデンティティーの問題にすり替わる場合が多い。例えば所得格差。たまたま都市の人間と地方の人間で所得格差があったときに、どうしたら紛争になるかといえば、それがアイデンティティーとつながったときです。イスラム世界で言えばスンニ派かシーア派かとか、本来、意識していなかったアイデンティティー問題とつながったときに紛争になるというのが国際紛争の歴史です。とすると、直接民主制的な意味でのブレグジットも、移民のコントロールという極めて世俗的な問題や町の失業率の問題、給料がだんだん下がってきたという話が、ある日いきなりアイデンティティーとしてのEUからの離脱と結び付いてしまう。直接民主制が全部悪だとは申しませんが、基本的に世俗主義で解決できる問題はなるべく世俗主義で解決した後に、希望や残されたアイデンティティーの問題を部分的に解くためだけに政治を使うべきであって、最初から政治でアイデンティティー問題を解決しようとすると大変なことになるというのが、私の見解です。

松本 それでは同じ質問に芹川さん、お答えください。

芹川 学者の主張を引用しますと、ヤン・ヴェルナー・ミュラーが書いた『ポピュリズムとは何か』（岩波書店）という本の中に、「ポピュリズムはレファレンダム（国民投票・住民投票）を要求する」という箇所があります。身近の具体的な例として大阪市のケースを思い浮かべました。橋下さんが市長だったときに、大阪都構想で住民投票をやりました。あれも、ある種ポピュリズム的なやり方だと思います。間接民主主義への批判、不満と言いますか、それがベースにあって、そこを突くわけです。おそらくいろいろな人が、政党とか政治家というのは自分たちをきちんと代表していないという思いが背景にあるわけでしょう。民主主義がうまく回っていないということが、そういうところに表れてきていると言っていいのではないかと思います。

松本 山田さん、いかがですか。

山田 日本のような議院内閣制の下で総理を選ぶときには、突然現れた人がすぐ

国会議員の投票によって総理になることもあり得る。ほとんど精査がないまま総理になることもあり得るわけです。その代わり辞めさせるのも早くできます。大統領制の場合は、1年から2年かけて党首を選んで候補者を選び、ようやく国民が投票することで、選ぶまでのプロセスが非常に長い。しかし、辞めさせるのも容易ではない。つまりは制度の対比の問題だと思います。日本には議院内閣制の方がふさわしいだろうと思っています。ただ、小選挙区制という制度によって、事実上その都度総理を選ぶ形になることから、今以上に政策論争は深まりにくくなっていると言えます。

　国民投票に関して言うと、本格的な国民投票があるとすれば憲法改正絡みでしょう。与野党で話し合っているのは「3分の2の壁」があるからですが、国民投票をやって憲法改正が実現すれば与党が認められたことになる。逆に否決されれば、安倍政権は退陣を迫られるかもしれない。これをテーマにすれば政権選択の選挙になる。それなのに野党が一生懸命協力しているというのは、私には滑稽な姿のように思えます。

高過ぎる供託金とノーリターンルールの改善を

松本　続いて「日本の総選挙をポピュリズムの観点からどう総括されますか」という質問です。先ほど山田さんはお話しされましたので、山田さん以外の3人の方にお答えいただきたいと思います。

津田　選挙制度で何がいいのか、小選挙区以外がいいのかというのは、正解はないと思うのです。議論するしかない。それとは別に政治参加のハードルを低くするという意味では、世界一高いとされる300万円とか600万円とかいう供託金をなんとかするべきだと思います。あまりにも高過ぎるので、一刻も早くなくすか、本当に安くするかにするべきです。それと日本独特のルールの存在。国会議員とか地方議員に出馬する際には、会社とか大学を辞めなくてはいけない。経団連がある時期からそれを主導した面もあったようですが、出馬して落ちたら、そのまま元の職場に戻って続ければいいじゃないですか。「ノーリターン」という慣行を変えて、多くの人が参加できるようにするべきだと思います。これについて

は、ほとんどメディアでも論点になっていないので、マスメディアには供託金の問題とノーリターンの問題を取り上げてほしいと思います。

松本 三浦さん、お願いします。

三浦 結果的に希望の党が失速したので、完全なポピュリズム選挙にはならなくて、見慣れた光景になったと思います。当初、希望の党が150議席をうかがうとの世論調査が出るなど小池さんへの追い風が吹いているのを見たときに、ちょっと黙示録的な引用をしたブログを書きました。「深奥をのぞき込んだ感じがした」と。いろいろなものを全て否定形で語る感じの、知識人にはアラートが「ウィーンウィーン」と鳴るような傾向が感じられると。それは議員全てに言えることではありませんし、希望の党全てに言えることでもありませんが、選挙が終わったから申し上げますが、非常にダークなポピュリズムを感じました。

松本 芹川さん、いかがでしょうか。

芹川 一言だけ申し上げますと、小池さんはポピュリストだと思いました。政策的なものもそうですし、いろいろ記者会見などで質問しましても「アウフヘーベン（止揚）」とか「パラダイムシフト（発想の転換）」とか、訳の分からないことを言って終わる。これはひどいと正直思いました。そういう意味では小池さんが失敗したのは悪くはなかったと思っています。

松本 次は芹川さんと山田さんにお答えいただきたいと思います。「日本の場合、何らかの理由で『風』が起き、投票率が上がって無党派層の人気が特定の候補、政党に集中することがある。ただ風は飽きっぽく、一つの政党に一度しか吹かない。風はポピュリズムとは異なるものなのでしょうか」という質問です。

山田 悪い意味でのポピュリズムは「風」と一緒だと私は思います。政策論争ではなくイメージだけ。逆に言いますと、良いイメージを出せば票は集まる仕組みです。ただ、1回きりで終わります。そこで注目したいのは立憲民主党です。今

回は風だったわけですが、これから地方組織を固めて、今度は風なしで勝てるかどうか。勢いが消えてしまうようなら、やっぱり風だったとなるし、一つの陣営を張るとなれば、そうではなかったということになる。これまでの政党と違って、誰かがつくろうと思ったわけではなく、つくらせる人が周りにいてできた珍しい新党なので、ここは今後、どうなっていくのか注目をしています。

松本 芹川さん、いかがでしょうか。

芹川 風というか、過去の日本の選挙の場合は、2005年の小泉さんの郵政解散以外、「反自民の受け皿」ということだと思うのです。1972年の共産党、76年の新自由クラブ、89年の社会党。その後の新党ブームも、いずれも反自民の受け皿として風という形になっている。いずれも1回きりということは、ポピュリズムとは一概に言えないような気がしています。

日本は反利権のポピュリズム

松本 次は三浦さんへの質問です。「日本で欧米のようなポピュリズムが起きないのはなぜか。なぜ既成政党が引き続き強いのか」です。

三浦 まず、移民問題がまだ生じていないというのがあります。グローバル化に対する態度、あるいは財政です。財政政策に関しても、実はそんなに与野党で違いが出ていません。より本質的なことを申し上げますと、私は東京都知事選のときにブログに表を書いたことがあります。皆さんを三つの陣営に分ける質問をしました。最初の質問は「『輝け憲法』とあなたは思いますか？」。「はい」と答えた人は戦後日本的な護憲派リベラルで、今のところは立憲民主党に投票した方が多いと思います。次は「いや、別にそんな『輝け憲法』とまでは思っていないのですけど」という人から「いや、全然思っていません」という人まで入る質問。そして「あなたは日々、利権に関わって生きていますか？　それともそうではありませんか？」という少々意地悪なクエスチョンです。利権に関わって生きているというのは別に悪ではなくて、公共事業に従事するような土木業者とか官僚で

あるとか、既に組み込まれた人たちは自民党支持である場合も多い。しかし、それ以外の人たちは無党派です。この三つ目を小池さんは取りにいった。

ただ、小池さんが「排除の論理」を最初に出したのは、一つ目の問いに対して「いいえ。私は『輝け憲法』と思っていません」という人も吸収したかったからではないでしょうか。ポピュリズムが起きる可能性は十分にあったわけですが、政策の中身がなかったので失速した。私は日本でポピュリズムが起きないと思っているわけではありませんが、移民問題とかさまざまなトリガー（引き金）になるような重要な論点というのが日本には存在しません。このため日本のポピュリズムは全て「反利権」になります。先ほどの「あなたは日々、利権と関わって生きていますか？」という問いに対して「ノー」と答える人たち。これが維新のブームであり、みんなの党のブームであり、希望の党のブームだった。それが今後、悪い形、否定形や嫉妬、憎しみ、恐怖という形で反利権が出てきたときには気を付けなければいけない。もうちょっと本当に希望があるような、前向きなメッセージとしての反利権のポピュリズムは大いに歓迎しますが、というところでしょうか。

松本　続いて津田さんへの質問です。「今の若者の判断基準はどこにあるのですか」、お答えください。

津田　「若者は自民党支持なのか、右傾化しているのか」とよく聞かれるのですが、それに似ている感じの質問です。もう少し細かく見ていかないと見極められないと思っていますが、選挙が終わった後の出口調査などで10代、20代の６割が自民党に投票していたという数字が一人歩きしている。出口調査ですから、投票に行った人の中で６割が支持しているということです。しかし全体からすると、投票に行っていない人が一番の多数派ということでもある。そういう数字の読み方は注意しなければいけないと思います。

大学で話をしていると、彼ら（学生）を一番支配している感情は「不安」です。将来に対しての不安で、雇用に結び付いています。雇用に関しては、いろいろ評価はありますが、アベノミクスが一定の成果は出している。そこで安定志向、あるいは現状維持になることが傾向として見られると思います。イデオロギ

ーで投票するよりも、今の環境をどれだけ維持できるかを判断基準にしている若者が多いように感じます。

多様なメディアを通して自分でチェックする習慣を

松本 続いては芹川さんへの質問です。「今は自己責任論と大衆迎合論が目立つ。不満を持つ人たちが多いようだが、自己意見ではなくメディアの報道に左右されている人が多いのではないか」。さらに「彼らが主流になると将来はどうなるのか。メディアは国家、民族の将来に対して彼らをどう誘導しているのか」です。

芹川 メディアは誘導なんかできません。そんな立派なものではないです。残念ながら新聞というか活字の影響力は、津田さんの話ともつながってくるのですが、相当落ちている。それは率直に認めざるを得ない。むしろ投票行動への影響力という点では、ネットもありますが、テレビのワイドショーが非常に大きいような気がしてしょうがない。ワイドショーのビジネスモデルは視聴率競争ですから、今は横綱の日馬富士暴行問題が視聴率を取れるのでやって、その前は小池さんの話題が視聴率を取れるのでやるというふうでした。ただ、政治の世界も含めて多様化しているわけですから、困ったら新聞も読んで、ちょっと考えてみてくださいとお願いしたい。いろいろな考え方が世の中にはあって、テレビやネットで言っていることが必ずしも本当はそうではないケースもあります。いろいろなメディアを通して、自分でチェックする習慣を身に付けるしかないと思います。誘導するとかという実力は持ち合わせておりません。

松本 続きまして、山田さんに質問です。「メディアの政治部の記者と政権との癒着を感じますが、いかがでしょうか」という厳しい質問です。

山田 まず、癒着というのは「食い込む」という言葉と裏腹の関係で、癒着をしなければ特ダネは取れないという言い方もできます。しかし、こうした質問が出ること自体が、今の政治記者と言いますか、今の政治記事に対する不信・不満の表れと言えます。確かに食い込めば食い込むほど書けなくなり、厳しく論評すれ

ば論評するほど食い込めなくなる可能性があります。単純化すれば、そのジレンマを記者が持っているかどうかという問題です。かつての先輩記者は、その点を皆悩んでいました。

　ただ最近は、私よりも若い世代の記者の中で、ほとんど悩まない人が多いように感じます。それは、その記者が悪いというよりも、今は情報の受け手の側にあふれるほど情報が来ていて、存在感を示すには出す側もあふれるほど情報を出さなくてはいけなくなっている。癒着うんぬんを考える時間がなくなってしまっているのが実態のように思います。きちんと食い込んだ上で、なおかつ批判ができれば一番いいのですが、それを実行するには相当高いレベルが要求されます。そのレベルを全ての記者に求めると、恐らく政治記者は非常に数少ない人しかできなくなってしまう。一つの役割分担が必要かなと思っています。

　もう一つは、きちんと批判ができるかどうかという問題です。芹川さんのお書きになった本の中に、権力との関係、距離感での分類が記されています。一つは「監視型の犬」。つまり番犬、ウオッチドッグ。これはメディアの本来の役割であるとお書きになっています。それから「誘導犬」。これは政府や政党の言うことをうのみにして、彼らの都合のいいことを伝えるだけの存在です。三つ目は「護衛犬」。政党や派閥など、一部の政権の主張を代弁する。そして「愛玩犬」。権力に完全に従属する。この三つ目、四つ目が今、ちょっと多いのではないかという批判もあるのかと思います。

　私なりの解釈を付け加えますと、一番良くないのは、初めから、座っただけで何を言うかが分かるような、いわゆる「ポジショントーク」をすることです。結果的に政権の方針を支持するとか、あるいはその政策を良しとするというのであれば、それでいい。あるいは、政治家がテレビの朝の討論会などで、それぞれ座った瞬間にこの人は何を言うか分かるのは当たり前のことで、むしろ違ったことを言ったら大ニュースになります。しかし、ジャーナリストなのに、座った瞬間に「何を言うか聞かなくても予測が付く」という批判があるのも承知しています。最も良くないことはメディア同士で、例えば従属型の記者が番犬型の記者を批判し始めるというようなことです。これが最も悪い例だと言えます。これが起きると誰が一番喜ぶのかは明らかでしょう。

ネットに対するリテラシーが必要

松本　会場の男性からの質問です。「国民も政治家も政党も、未来への考えに大きな幹を持てない時代。世代間のギャップも大きい。建設的な考え方を持って前進するためには、どこから手を付けていくべきなのか」。つまり、前向きな明るい未来をつくっていくために、どこから手を付けていくべきなのか、メディアの果たすべき役割について伺いたいということです。津田さんから順にお答えください。

津田　技術と情報発信に伴う責任を取ってもらうやり方でしょう。メディアとしては、そういった議論を喚起することも重要です。トランプ氏が大統領になったことで「ワシントン・ポスト」とか「ニューヨーク・タイムズ」の部数が伸びている。彼らは単にトランプ批判をしているから伸びているわけではなくて、デジタル技術をうまく使い、世論の場所というのがネット空間であることも分かった上でやっている。これに対し日本では、メディア関係者がいまひとつネットとかデジタル技術に対して否定的なところがある。そこも変えていく必要がある。そういうことも含めて、報道側がまだやれることはたくさんあると思います。皆さん大変だと思いますが、明るい希望を持って頑張っていただきたい。僕も頑張ります。

松本　三浦さん、いかがでしょうか。

三浦　すごい上から目線の回答をすると、こういうものは責任感を持った頭のいい人が考えないと駄目なのです。つまり全体のサイクルを考える人というのは、エリートだけれどちゃんとコンパッション（共苦）を持っていたり、愛を持っていたりする人でなければいけない。問題は政治家の方にあって、政治家がきちんとしなければいけない。ではメディアはどうすべきか。今、お金を稼ぎ出しているメディアはグーグルをはじめ、かつてテレビが持っていた広告収入で食っている。つまり、メディアの世界も収益がいろいろな所に拡散していき、お金がない。ジリ貧である。そうしたジリ貧の中で、どうやってプロフェッショナリズム

を持って、いい番組、いい紙面を作っていくのか。そのためには津田さんが指摘したような、ネットに対するリテラシーも必要ですが、経済部とか社会部、政治部といった既存の壁を壊して、超党派でやってくださいということです。リノベーションというのは必ず隣接分野で横断的に進めることで起きますから、そういった方向で頑張っていただきたいと思います。

松本 芹川さん、いかがでしょうか。

芹川 ジリ貧で壁ばかりの新聞社にいるもので申し上げにくいのですが、メディアは受益と負担の問題をもっと突っ込んで、きっぱりと主張しなければいけないと思います。2025年から先の日本のことです。われわれ高齢者の世代が、いかに負担を甘んじて受けるか。政治に利益の分配ばかり求めたわけですが、不利益の分配というのもある。それはメディアが、特に新聞が中心にならざるを得ないなと思います。子や孫の時代をどうするかということを、もっとわれわれ自身が真剣に考えなければいけない。メディア、特に新聞はその役割をしっかり果たしていかなければならないと自戒を込めて思います。

松本 山田さんにも同じ質問です。明るい未来をつくっていくためにメディアの果たすべき役割はいかがでしょう。

山田 メディアは今、混在していろいろなところで競争・競合し合っていますが、もう少し時間がたつと、速報性のメディアとビジュアルでリアリティーのあるメディア、分析のメディアというように分かれていくのではないでしょうか。希望的観測ですが期待しています。と申しますのは、新聞の速報性といっても限界がありますし、SNSで掘り下げるといっても、それもまた限界がある。速報とリアルな問題、解説、オピニオン、そうしたものがメディアによって分かれていくということがこれから起きてくるのかなと思います。

　私は実は、ラジオに11年関わっていて、非常に自由度の高いメディアだと考えています。テレビでは言えないことでも、ラジオではかなり自由に発信できる。オピニオンのメディアとしてもラジオは有力です。その速報性にも見直すべきも

のがある。水島さんも触れていましたが、電波メディアの中でもラジオの役割を見直していただきたいと思っています。

極論を廃して世論の中和性を考えたい

松本 最後の質問です。「ポピュリズムの台頭に、新聞やテレビといった既存の大手メディアはどう向き合うべきでしょうか」。まとめのコメントや提言も交えてお答えください。

判決後、記者会見する原告の李信恵さん＝2017年11月16日、大阪市の司法記者クラブ

津田 先週かな、日本ですごく影響力のある「まとめサイト」の裁判で判決が出ました（インターネット上の人種差別的な投稿をまとめた内容を掲載されたとして、在日コリアンの女性フリージャーナリスト李信恵さんがネット掲示板「保守速報」を運営する男性に2200万円の損害賠償を求めた訴訟。大阪地裁は2017年11月16日、投稿の編集や掲載過程で新たな差別が生じたと判断し、200万円の支払いを命じた）。名誉毀損とか侮辱とかいろいろなものを認める判決で、通常では考えにくかった高額の損害賠償を命じました。

　僕の講演の情報もネットでゆがめて流している人がいる。会場から笑い声が出ましたが、笑って済ませる段階はもう過ぎたと思っています。正当な批判であれば受ければいいけれど、正当な批判とは言えないものに対しては、言論で反論するだけでなく、法的措置も含めて対応していくべきだと思います。一定レベルを超えたものを野放しにしているヤフージャパンやツイッタージャパンといった、いろいろなプラットフォーム事業者の責任を問うべきです。米国でもプラットフォーム事業者の責任は、メディアが相当たたいたことによって状況が変わってきた。その意味でも、マスメディアとネット企業がきちんとした対等な関係になって、健全な情報流通の環境をつくるにはどうすればいいのかという点で、マスメディアにはまだまだできることがたくさんあるはずだと思いますし、正面から向き合っていただきたいと思います。ありがとうございました。

松本　三浦さん、お願いします。

三浦　基本的には、時代を超えて残るものをつくることです。私も本を書くのが一番メインの仕事なので、そこを常に意識しています。つまり動画が100万回再生されようと、その動画は必ず通り過ぎていってしまうわけです。残る番組や紙面、記事をつくること以上にできることはない。

　選挙報道を見て考えたのですが、やはり政局が多過ぎる。それと本日の議論でも出たことですが、数字を見れば小池さんが失速したのは排除発言の後ではないことが分かる。排除発言の前から失速していた。もちろん、テレビなどにはいろいろな規制があります。私も公示後はほとんど論評できなかった。しかし、政策の誤りによって失速したものを、なぜかメディアは自意識過剰になって「排除発言によって失速した」と喧伝（けんでん）する。自分たちが既に主流ではないということを考えれば、政局を誘導するのも、ある種あきらめた方がいいし、本当はそんなに誘導もできていない。だとすれば、なおさら残るものをつくっていただきたいと思います。

松本　芹川さん、お願いします。

芹川　ポピュリズムということを考えた場合に、やはり極端な議論、極論から来る。だから、その極論をどうやって排するかということが大事ではないかと思っています。私は新聞にいるから思うのですが、一般紙がかなりスポーツ新聞化しているように思える。新聞の情報が社会の分断化を招いている面があるのではないか。極論を排して「世論の中和性」みたいなものが大切だと思います。今は極論に走りかかっている。先ほど山田さんからも指摘がありましたが、メディアが互いに殴り合いをしているようなところがあります。お互いにもっと考える必要があるんでしょうね。二・二六事件の直後、石橋湛山が「東洋経済新報」の社説で事件への反省も込めて言論機関の役割について極論を排して中和性を持たせることをやらなければいけないと書いていますが、全くその通りだと思っています。どうもありがとうございました。

松本 それでは最後に山田さん、お願いします。

山田 オピニオンにしても解説にしても、もっと自由に意見が言えるようでありたい。書く方も、読む方が反応する場合もです。特に選挙報道は制約を受け過ぎているのではないでしょうか。選挙中でもいろいろな意見がメディアで飛び交い、いろいろな報道があっていいのではないか。その中で国民、有権者に判断してもらえばいい。選挙報道はもっと開放する必要があるでしょう。

松本 ありがとうございました。2時間にわたってパネリストの方々の発表、そして議論を掘り下げてきました。既存のメディアは確かに今、大きな局面に直面しているわけです。インターネットメディアの影響力がますます大きくなっていくと思われます。既存のメディアもネットメディアも、しっかりと自分たちの役割を考え、なおかつ後世に残るような記事を書き、健全な情報を発信していく。そして互いに対等な関係性を持っていくことが重要だということが話し合われました。会場の皆さま方も今回の話し合いの中で、今までニュースで見てきたことは、全体の中の一部を切り取ったものではないかと思われた方もいらっしゃるのではないでしょうか。そういう意味ではニュースに対し、全体を俯瞰して何が起きているのかというのをつかみ取っていただきたいと思います。ご清聴ありがとうございました。

公益財団法人 新聞通信調査会 概要

名称	公益財団法人 新聞通信調査会
英文名称	Japan Press Research Institute
設立年月日	1947年12月15日
公益法人移行	2009年12月24日
理事長	西沢 豊
役員等	理事14名(うち常勤2名)、監事2名(非常勤)、評議員22名
所在地	〒100—0011　東京都千代田区内幸町2—2—1(日本プレスセンタービル1階)

組織図　2017年7月1日現在

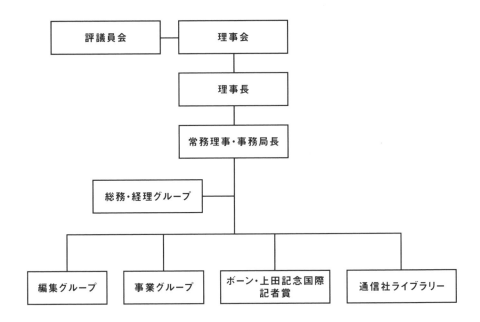

> 事業内容

調査・研究

　毎年、全国の18歳以上の5千人を対象にメディアに対する信頼度などを調べる「メディアに関する全国世論調査」と、米英仏中韓タイの6カ国の国民を対象に日本に対する関心度やメディアへの信頼度を調べる「諸外国における対日メディア世論調査」を実施している。

講演会

　政治、経済、社会、国際分野の話題のテーマについて現役記者やデスク、編集委員らが背景などを解説する講演会を毎月開催。作家、専門家らを講師に招く特別講演会も実施している。

シンポジウム

　メディア界の課題をテーマに毎年開催している。2016年11月には「プライバシー保護とメディアの在り方」をテーマに千代田区内幸町のイイノホールで開いた。

写真展

　「定点観測者としての通信社」シリーズの写真展を毎年開催している。17年3月には東京・有楽町の国際フォーラムで「憲法と生きた戦後～施行70年」を開催。

会報・書籍の刊行

　メディアを取り巻く課題などをメディア研究者やジャーナリストらが分析、論評する記事を掲載する会報「メディア展望」を毎月発行。メディア関係書籍も随時刊行している。

出版補助

　メディア関係の研究論文を執筆した研究者らが書籍として出版するための経費を助成する事業を実施している。

ボーン・上田賞

　国際報道部門で優れた業績を残した記者を表彰する年次賞「ボーン・上田記念国際記者賞」の選考、管理、運営業務を担当。

通信社ライブラリー

　メディア関連、特に戦前の同盟通信社や現在の共同通信、時事通信関連の資料、書籍を所蔵する専門図書館。蔵書は約8千冊、資料は約2千点(17年7月)。入場無料。一般に開放している。

沿革

旧同盟通信社本社

旧同盟通信社最後の編集局

1945年	同盟通信社解散。共同通信社と時事通信社が発足
1947年	同盟通信社解散に伴う清算事務完了後、残された資産などを基に財団法人通信社史刊行会として発足
1958年	「通信社史」刊行
1960年	財団法人新聞通信調査会と改称
1963年	「新聞通信調査会報」(現「メディア展望」)の発行開始
1976年	月例の定例講演会を開始
2008年	「メディアに関する全国世論調査」を開始
2009年	公益財団法人に移行
2010年	通信社ライブラリー開館
2012年	「定点観測者としての通信社」シリーズの写真展を開始
2013年	ボーン・上田記念国際記者賞の管理・運営業務開始
	シンポジウム「日中関係の針路とメディアの役割」を開催。シンポジウムはその後毎年開催
2015年	出版補助事業を開始
2017年	「挑戦する世界の通信社」刊行

編集後記
「上から目線」の報道であってはならない

倉沢章夫
新聞通信調査会編集長

　ポピュリズムは、日本のメディアでは総じて（大衆迎合主義）と説明書きが付けられる。ほとんど考えもなしに慣例のように付けているが、この言葉からはポピュリズムに否定的なイメージが最初から付いてしまうと基調講演者の水島治郎教授は述べられた。実はポピュリズムには必ずしも否定的なニュアンスはなく、この説明書きは妥当ではないという指摘は、改めてポピュリズムとは何かを知る上で極めて重要な教示だった。

　格差の時代といわれる。エリートと大衆に2分され、メディアがエリートの側に立ち、大衆を下に見る、「上から目線」の報道では先細りになるだけだ。実際のところ、新聞など伝統メディアはここ何年も、インターネットの隆盛に伴い、劣勢を強いられている。新聞通信調査会の2017年全国世論調査でも、ネットニュースの閲覧率がついに新聞の朝刊閲読率を上回ったという衝撃的な結果が出た。印刷の時代がネットの時代へと大きく転換する歴史の節目にあると言えるのだろう。「上から目線」の報道であってはならないと自戒すべきだ。

　しかし水島教授は「古そうなメディアであっても、この21世紀という時代、新しく再生を図る可能性がある」として、その例としてラジオがネットを通じて広範に聞かれるようになった点を挙げた。在来メディアにとっては温かい指摘だったと感じられた。

基調講演に続くパネルディスカッションも、大いに触発される内容だった。三浦瑠麗氏は、水島教授とは若干異なるが同じような「4象限の表」を提示され、人々がそれぞれに置かれた立ち位置を分析した。日本経済新聞社論説主幹の芹川洋一氏は、メディアを軸にポピュリズムとの関係を歴史的に解説し、ラジオ、テレビ、ネット各時代のポピュリストを挙げられた。また大衆迎合主義という説明書きが渡邉恒雄氏の社説をまとめた書籍『ポピュリズム批判』に始まっているようだと指摘された点は興味深かった。
　津田大介氏は、ソーシャルメディアとポピュリズムの関係を説明、インターネットの問題点として、自分の好きな情報が入る仕組みになっている「フィルターバブル」や、同じ意見の人だけが話し合っているうちにそれが正しいことだとみなが信じてしまう「エコーチャンバー」を挙げ、こうした若者や高齢者が陥りがちな弊害を打破することがこれからのメディアにとって重要だと強調された。時事通信社解説委員長の山田惠資氏は、2017年衆院選を振り返り、ポピュリズムを踏まえて政治状況を分析していただいた。
　このシンポジウムの聴講者数は、予想以上に多く、大ホールの席をほぼ埋め、盛況だったと言えると思う。
　最後にコーディネーターとして的確な進行役を務めていただいた松本真由美氏、シンポジウムの準備・設営・編集などを委嘱した㈱共同通信社に感謝申し上げたい。

シンポジウム
ポピュリズム政治にどう向き合うか
―メディアの在り方を考える―

発行日	2018年3月16日　初版第1刷発行
発行人	西沢　豊
編集人	倉沢章夫
発行所	公益財団法人 新聞通信調査会
	〒100-0011
	東京都千代田区内幸町2-2-1　日本プレスセンター1階
	TEL　03-3593-1081（代表）　FAX　03-3593-1282
	URL　http://www.chosakai.gr.jp/
装丁	野津明子（böna）
写真	河野隆行（裏表紙、口絵、本文）、共同通信社（表紙、本文）
編集協力	株式会社共同通信社
印刷・製本	株式会社太平印刷社

・乱丁、落丁本は小社までお送りください。送料小社負担でお取り換えいたします。
・本書の無断転載・複写は、著作権法上禁じられています。本書のスキャン、デジタル化などの無断転載もこれに準じます。

ISBN978-4-907087-32-6
Ⓒ 公益財団法人 新聞通信調査会 2018 Printed in Japan